Thomas Kaiser/Marc Felix Köhne

Operationelle Risiken in Finanzinstituten

Thomas Kaiser/Marc Felix Köhne

Operationelle Risiken in Finanzinstituten

Wege zur Umsetzung von Basel II und CAD 3

Bibliografische Information Der Deutschen Bibliothek
Die Deutsche Bibliothek verzeichnet diese Publikation in der Deutschen Nationalbibliografie; detaillierte bibliografische Daten sind im Internet über <http://dnb.ddb.de> abrufbar.

Dr. Thomas Kaiser und **Marc Felix Köhne** leiten das deutsche bzw. europäische Operational Risk Competence Team der KPMG Deutsche Treuhand-Gesellschaft und verfügen darüber hinaus über langjährige Erfahrung als Mitarbeiter im Risikocontrolling Operationeller Risiken in deutschen Großbanken.

1. Auflage November 2004

Lektorat: Karin Janssen

Der Gabler Verlag ist ein Unternehmen von Springer Science+Business Media.
www.gabler.de

Umschlaggestaltung: Nina Faber de.sign, Wiesbaden
Satz: dtpservice Decker, Vechelde
Druck und buchbinderische Verarbeitung: Wilhelm & Adam, Heusenstamm
Gedruckt auf säurefreiem und chlorfrei gebleichtem Papier
Printed in Germany

ISBN 3-409-12495-0

Vorwort

Das weitgehende Fehlen umfassender Abhandlungen zum Thema Operationelle Risiken, insbesondere im deutschsprachigen Raum, in Verbindung mit einer steigenden Nachfrage seitens Praxis und Wissenschaft haben uns dazu veranlasst, unsere langjährigen, teils gemeinsam in Banken und der Bankberatung gemachten Erfahrungen in dieser Form zu Papier zu bringen. Das Ziel des vorliegenden Buches ist es, einen Abriss des aktuellen Stands dieser Disziplin, wesentlicher offener Punkte und Lösungsansätze zum umfassenden Management und Controlling Operationeller Risiken zu geben. Da sich eine Best Practice noch nicht durchgängig in allen Bereichen herausgebildet hat, muss sich die Darstellung auf einige Hauptströmungsrichtungen beschränken, ohne damit ausschließen zu können, dass zukünftig weitere Ideen zu Verschiebungen der Herangehensweise an das Thema führen.

Der Zeitpunkt der Veröffentlichung wurde dabei so gewählt, dass die Inhalte und Implikationen der neuen Eigenkapitalvereinbarung des Baseler Ausschusses für Bankenaufsicht (Basel II) sowie des Richtlinienentwurfs der Neuregelung der EU-Kapitaladäquanzrichtlinie (CAD 3) berücksichtigt werden.

Dieses Buch wäre nicht möglich gewesen ohne die direkte oder indirekte fachliche und moralische Unterstützung aus der Operational Risk-Community. Besonderer Dank gilt unseren Ehefrauen für das mehrfache kritisch-konstruktive Korrekturlesen des Werkes und insbesondere die Zeit, die kaum dem Familienleben zugerechnet werden konnte. Dank gilt insbesondere auch all denen, die uns in Projekten, Seminaren und Veröffentlichungen eine Vielzahl an fachlichen Diskussionen ermöglicht haben. All dies ist in der einen oder anderen Form in dieses Buch eingeflossen. Verbleibende Fehler liegen selbstverständlich in der Verantwortung der Autoren.

Wir hoffen, dass dieses Werk sowohl zur Implementierung entsprechender Prozesse und Methoden in Finanzinstituten nützlich ist als auch die dringend notwendige breitere Aufnahme des Themas in die akademische Diskussion unterstützt.

Dr. Thomas Kaiser — *Marc Felix Köhne*

Steinbach (Taunus) und Allendale (USA) im Juli 2004

Inhaltsverzeichnis

Abbildungsverzeichnis

Tabellenverzeichnis

1. Einleitung

Erhebliche realisierte Verluste (Barings, Orange County etc.) haben das Gebiet „Operational Risk“ bzw. „Operationelle Risiken“ (teilweise nicht immer synonym auch als „Betriebsrisiken“, „Operative Risiken“ bzw. „Operationale Risiken“, oft kurz auch als „OpRisk“ bezeichnet) sowohl in Finanzinstituten als auch bei der Bankenaufsicht etwa seit Mitte der 1990er Jahre in den Fokus gerückt (siehe hierzu beispielsweise [Risk 1998] oder [BBA 1999]). Damit wird eine Disziplin institutionalisiert, die in anderen Sektoren, etwa dem produzierenden Gewerbe, dem Militär oder der Luft- und Raumfahrt, schon seit einigen Jahrzehnten etabliert ist. Auch die Finanzbranche hat sich implizit mit Operationellen Risiken seit ihrem Bestehen auseinandergesetzt, allerdings nicht unter einem spezifischen, einheitlichen und umfassenden Organisations- und Methodenrahmen. Im Folgenden wird unter Operationellen Risiken, soweit nicht ausdrücklich kenntlich gemacht, die „Gefahr von Verlusten, die infolge der Unangemessenheit oder des Versagens von internen Verfahren, Menschen und Systemen oder infolge externer Ereignisse eintreten“ (Übersetzung der Deutschen Bundesbank zu [BIS 2004]) verstanden.

Ziel dieses Buches ist die Darstellung der Organisationsstruktur und des Prozesses zum Management und Controlling Operationeller Risiken, wie er von führenden internationalen Banken in unterschiedlichem Entwicklungsstadium konzipiert bzw. eingesetzt wird. Gemeinsamkeiten struktureller Elemente, aber auch Unterschiede in den verwendeten Verfahren, werden detailliert geschildert. Ein Schwerpunkt liegt auf der Vermittlung von pragmatischen Lösungsansätzen für die vielfältigen Probleme, die bei der Erstellung und Umsetzung eines solchen Konzepts auftreten können. Zu beachten ist hierbei, dass sich – bedingt durch die im Vergleich zu Kredit- und Marktrisiken erst recht kurze Zeitspanne der intensiven Beschäftigung mit dem Themenkomplex – viele Ansätze noch in der Erprobungsphase befinden und sich Best Practice-Verfahren bisher nicht durchgängig herauskristallisiert haben.

Neben der betriebswirtschaftlichen Motivation zum Management und Controlling Operationeller Risiken werden auch die relevanten aufsichtsrechtlichen Anforderungen in den jeweils neuesten Fassungen (Veröffentlichung des Baseler Ausschusses für Bankenaufsicht, „Basel II“, vom Juni 2004 sowie Richtlinienentwurf zur Kapitaladäquanz der EU-Kommission, „CAD 3“, vom Juli 2004) detailliert dargestellt und analysiert.

Dieses Buch soll nicht nur die mit dem Thema betrauten Fachleute in der Finanzwirtschaft bei der Umsetzung entsprechender Projekte unterstützen, sondern auch einen Anstoß zur intensiven akademischen Beschäftigung mit den Problemstellungen der Operationellen Risiken geben. Bedingt durch die enge Verzahnung mit zentralen Funktionen eines Finanzdienstleisters sind hier vielfältige Ansatzpunkte für interdisziplinäre Forschung gegeben.

2. Gründe für das Management Operationeller Risiken

Eine Vielzahl von Gründen hat Finanzinstitute, insbesondere Banken, dazu veranlasst, sich intensiv mit dem Thema Operationelle Risiken zu beschäftigen. Einerseits gehören hierzu betriebswirtschaftliche Überlegungen, andererseits regulatorische Rahmenbedingungen. Während die ersten Banken, die vor ca. zehn Jahren erste Versuche unternommen haben, das Thema innerhalb ihres Risikomanagements zu etablieren, ausschließlich von ökonomischen Erwägungen getrieben wurden, hat die große Mehrheit der Banken das Thema erst mit dem ersten Baseler Konsultationspapier 1999 „entdeckt". Es ist unbestreitbar, dass regulatorische Regelungen erfüllt werden müssen. Das Risiko der Nichterfüllung ist gleichbedeutend mit dem Risiko einer Erhöhung des regulatorischen Kapitals, also letztendlich der Eigenkapitalkosten bis hin zur Einstellung des Geschäftsbetriebs. Dessen ungeachtet sollte jede so umfassende Veränderung im Risikomanagement einer

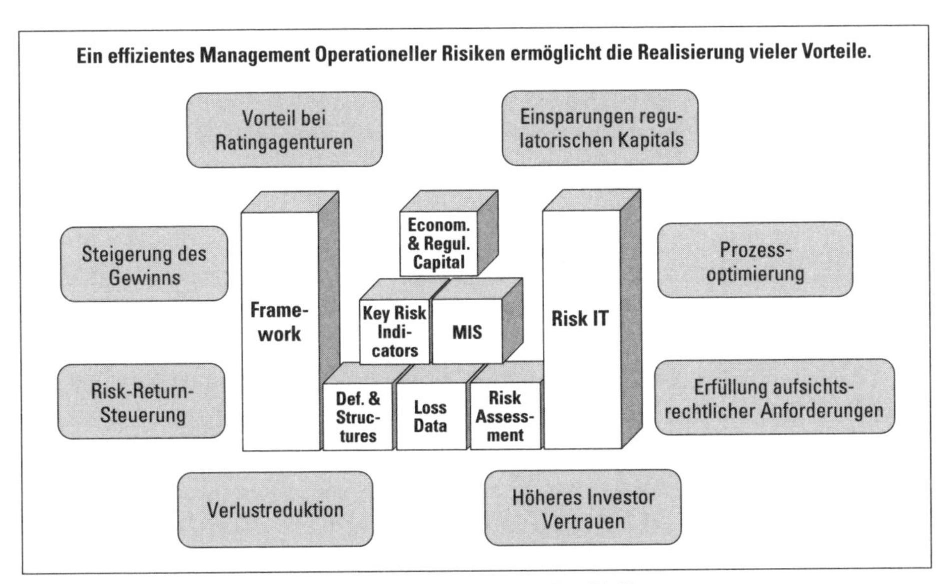

Abbildung 1: Vorteile des Managements Operationeller Risiken

Bank mit Auswirkungen in alle Bereiche auch von ökonomischen Aspekten getrieben werden. Die Umsetzung eines umfassenden Frameworks zum Management und Controlling Operationeller Risiken nur regulatorisch zu begründen, hieße, ihr volles Potenzial nicht zu nutzen. Trotzdem fällt die ökonomische Begründung für die Verbesserung eines Risikomanagements immer schwer, während die regulatorische ohne Alternative ist. Im Folgenden wird versucht, die Rahmenbedingungen und den Nutzen beider Aspekte adäquat darzustellen.

2.1 Ökonomische Rahmenbedingungen

Unter Risiko wird seit der modernen Portfoliotheorie die Abweichung von einem Erwartungswert verstanden, wobei theoretisch – und häufig gegen das allgemeine Empfinden – sowohl eine positive als auch eine negative Abweichung gemeint ist. In der Praxis besteht die Neigung, die positive Abweichung als erwünscht, zumindest aber als akzeptabel hinzunehmen, während die negative sehr häufig der Gegenstand des dann einsetzenden Risikomanagements wird. Unter Management soll für die Zwecke dieses Buches grundsätzlich ökonomisch zielführendes, also rationales Handeln verstanden werden.

Risikomanagement kann dementsprechend als rationale Beeinflussung von Risiken verstanden werden. Dies schließt neben dem Eingehen und Hinnehmen von Risiken Variationen wie Reduzieren, Transferieren oder vollständiges Eliminieren ein. Rationales Handeln unterstellt, dass Risiken nur eingegangen werden, wenn ihnen ein zumindest vermuteter adäquater Ertrag gegenübersteht. Die moderne Portfoliotheorie hat diese Aussage insoweit präzisiert, dass als rationales Handeln nur gilt, wenn für das Übernehmen einer Einheit Risiko anderweitig kein höherer erwarteter Ertrag erzielt werden kann, bzw. der erwartete Ertrag nicht mit geringerem Risiko zu erlangen ist (Markowitz 1952). Da ökonomisches Handeln grundsätzlich die Allokation knapper Ressourcen bedeutet und in der realen Welt annähernd jede Entscheidung unter Unsicherheit getroffen wird, impliziert letztendlich jede ökonomische Entscheidung die Übernahme von mehr oder weniger Risiko. Wenn schon unter Unsicherheit gehandelt werden muss, dann besteht eine gewisse Erwartungshaltung über die zu erzielenden Erträge. Die Portfoliotheorie hat diesen Gedankengang dahingehend operationalisiert, dass sie diese Gewinnerwartung als erwartete Rendite definiert hat, und das Risiko, diese Rendite nicht zu erreichen als die Volatilität, also Schwankungsbreite um diese erwartete Rendite herum. Damit sind Abweichungen nach oben und nach unten möglich. Je größer das Risiko, desto höher soll die erwartete Rendite ausfallen.

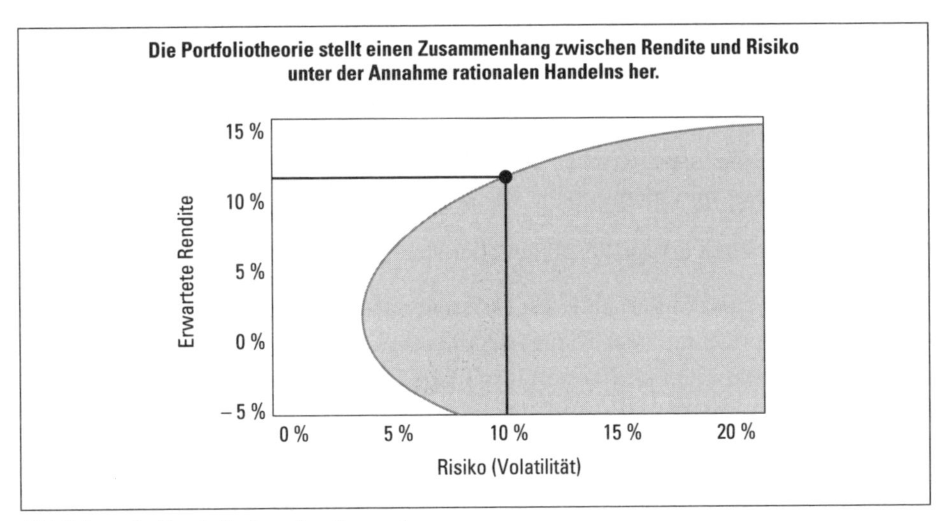

Abbildung 2: Portfoliotheorie allgemein

Des Weiteren handeln Marktteilnehmer nur dann rational, wenn sie eine Transaktion eingehen, die ihnen bei gleichem Risiko die höchste erwartete Rendite verspricht, oder bei gleicher erwarteter Rendite das geringste Risiko. Jede Abweichung hiervon, ausgedrückt als Rendite-Risikokombination, die nicht auf der Effizienzlinie liegt, ist nicht sinnvoll und wird nicht entsprechend vergütet.

Dieser Zusammenhang ist für Markt- und Kreditrisiken offensichtlich und allgemein akzeptiert, wenn auch bei weitem nicht trivial. Für Operationelle Risiken ist er aufgrund der bisher immer noch vorhandenen starken Intransparenz bezüglich Inhalt und Umfang deutlich komplexer. In der Vergangenheit hat wenig Konsens bestanden, was unter dem Begriff zu subsumieren ist, und ob und gegebenenfalls wie Operationelle Risiken identifiziert und gemessen werden können. Entsprechend schwer fiel die Zuordnung von Managementaktivitäten auf dieses Risiko.

Erst seit kurzem ist zumindest im Finanzsektor eine Veränderung dieser Wahrnehmung festzustellen. Die wesentlichen Ursachen dafür sind:

- die zunehmende Auffassung, dass der Kontrollrahmen eines Unternehmens nur dann vollständig ist, wenn er alle Risikokomponenten abdeckt, also nicht auf Markt- und Kreditrisiko beschränkt bleibt,
- die damit konsequenterweise ebenfalls zunehmende Etablierung Operationeller Risiken als einer eigenständigen Risikoart neben Markt- und Kreditrisiko, sowie die Entwicklung einer generell akzeptierten Definition und Vereinheitlichung der Sichtweise,

- die dadurch beschleunigte Entwicklung von Methoden und Techniken zur konsistenten Identifikation, Messung, Steuerung und Überwachung von Operationellen Risiken und die Allokation spezifischer Ressourcen hierfür, sowie
- die Verfügbarkeit spezifischer Software zur Unterstützung des Risikomanagementprozesses für Operationelle Risiken,
- die Verfügbarkeit adäquater personeller Ressourcen.

Aufgrund der weiterhin vorhandenen Heterogenität der unter dieser Risikoart subsumierten Komponenten oder Kategorien bleibt es aber weiter schwierig, einen zu den anderen Risikoarten konformen Rendite-/Risikozusammenhang zu konstruieren.

Eine große Schwierigkeit erzeugt dabei die Tendenz, Operationelle Risiken nur negativ zu definieren, d. h. im Gegensatz zu den anderen Risikoarten eine positive Abweichung (vom Erwartungswert) a priori auszuschließen und damit nicht als Risiko zu sehen. Dies basiert auf der Prämisse, dass alle unter der Definition Operationeller Risiken gefassten Komponenten in einer Art Normalsituation „funktionieren", das Risiko sich also nur in einer verringerten Funktionsfähigkeit bzw. höheren Fehleranfälligkeit zeigt.

Auch wenn diese Wahrnehmung für einige der Komponenten Operationeller Risiken zumindest bei oberflächlicher Betrachtung evident ist, sind Zweifel angebracht, ob diese Aussage verallgemeinert werden kann und grundlegende Bedeutung für alle Operationellen Risiken und die konzeptionelle Beschäftigung damit haben sollte.

Beispiel 1
Auf den ersten Blick dürfte es schwierig sein, in einem Gebäudebrand ein passendes Beispiel für einen solchen Zusammenhang zu finden. Grundsätzlich wird sein Eintreten als unerwünscht und folglich als negative Abweichung von einem erwarteten Wert gesehen. Erweitert man die Betrachtung aber auf die vor- und nachgelagerten Managementprozesse, müssen alle damit im Zusammenhang stehenden Kosten berücksichtigt werden. Den Kosten bei Brandeintritt stehen also auch im Nichteintrittsfall Kosten für Versicherungen und Ersatzgebäude gegenüber. Der Erwartungswert verändert sich damit vom Nichteintrittsfall zu einer Situation, in der die tatsächlichen Kosten für Prämien und andere risikomindernde Aktivitäten denen eines Eintritts, gewichtet mit seiner Wahrscheinlichkeit, gegenüberstehen. Damit besteht sowohl im Eintritts- als auch im Nichteintrittsfall das Potenzial einer positiven oder negativen Abweichung vom Erwartungswert, wenn die laufenden Kosten des Risikomanagements vom erwarteten (prognostizierten) Verlust bei

Eintritt bzw. im Eintrittsfall vom tatsächlichen Verlust abweichen. Würde dieser Zusammenhang in der Entscheidung über Risikomanagementmaßnahmen nicht berücksichtigt, läge irrationales Handeln vor. Konzeptionell kann man also auch in diesem Beispiel Konformität zum Risikobegriff der anderen Risikoarten herstellen.

Beispiel 2

Ein ähnliches Beispiel kann im Rahmen der Analyse von Prozesskosten erzeugt werden. Die Kosten der Prozessqualität hängen in nicht geringem Maße von den Kontrollkosten ab. Die Entscheidung für oder gegen eine Intensivierung einer solchen Kontrolle reflektiert den gleichen Risiko-Rendite-Zusammenhang. Nach Implementierung einer zusätzlichen (oder verbesserten) Kontrolle erfolgt wahrscheinlich eine Reduzierung der absoluten Verluste durch Prozessfehler, es resultiert also eine ausschließlich positive Abweichung. Aber auch in diesem Fall sind in eine vollständige Betrachtung alle Komponenten, also auch die zusätzlichen Kontrollkosten einzubeziehen. Der Erwartungswert ist damit nicht mehr grundsätzlich kleiner als die bisherigen Verluste durch Fehler, sondern sollte genau um die zusätzlichen Kontrollkosten, vermindert um die verringerten Verluste aus Prozessfehlern, vom bisherigen Erwartungswert abweichen. Natürlich würden solche Kontrollen nicht etabliert, wenn dieser Zusammenhang a priori negativ wäre, also von einer Erhöhung der Kontrollkosten ohne Einsparung bei den Verlusten aus Prozessfehlern ausgegangen würde. Aber auch in diesem Falle ist Risiko die Abweichung vom neuen Erwartungswert. Die verringerten Verluste aus Prozessfehlern können von den zusätzlichen Kontrollkosten in beide Richtungen abweichen.

Beide Beispiele zeigen, dass Operationelle Risiken konform zu anderen Risikoarten als positive und negative Abweichungen von einem Erwartungswert definiert werden können. Allerdings ist die Ableitung des relevanten Erwartungswertes in vielen Fällen unbestritten aufwendiger als im Markt- oder Kreditrisiko, da er nicht nur ein Zielergebnis reflektiert, sondern zusätzlich unter Berücksichtigung von tatsächlich oder als Opportunität anfallenden Kosten ermittelt werden muss. Für ein Management ist es daher notwendig, um diesen Zusammenhang zu wissen und ein darauf aufbauendes Zielsystem zu definieren. In der praktischen Umsetzung wird die Komplexität zusätzlich durch die umfassende Definition Operationeller Risiken erhöht. Selbst die definierten Kategorien sind für eine solche Risiko-Rendite-Betrachtung zu heterogen. Eine Festlegung der für die Betrachtung notwendigen Parameter kann also in der Mehrheit der Fälle nur bezogen auf kleinere Objekte, wie z. B. Produkte oder Prozesse erfolgen. Als wesentlich bleibt aber herauszustellen, dass eine zu anderen Risikoarten konforme Betrachtung Operationeller Risiken nicht aufgrund einer vordergründig nur negativen Ausprägung erfolgen sollte.

Die Betrachtung ökonomischer Treiber für das Management Operationeller Risiken greift natürlich zu kurz, wenn dieses Management nur betrieben werden sollte, weil es konform zu anderen, heute als eigenständige Risikoarten behandelten Risiken in einem theoretischen Modell abgebildet werden kann. Das Management Operationeller Risiken ist unabhängig von der theoretischen Betrachtung einer Abweichung von einem teilweise aufwendig zu konstruierenden Erwartungswert sinnvoll, weil es Risiken verringert und damit Kosten reduziert. Ob es auch Erträge erhöhen kann ist eine Frage der Perspektive.

In der Realität vorhandene Gründe für das Management dieser Risiken umfassen nach heutiger Auffassung die zunehmend konsistentere Betrachtung von Prozessverbesserungen durch Qualitätsmanagement, die Notwendigkeit der Einbeziehung von Versicherungsprogrammen, Notfallplänen (auch Disaster Recovery) und Betriebsaufrechtserhaltungsplänen (Business Continuity) in die Gesamtbetrachtung. Die zunehmende Bedeutung des Outsourcing entfaltet ebenfalls eine erhebliche Wirkung. Dabei ist mit Einschränkungen beim letztgenannten Aspekt keiner in sich neu oder bisher ungesteuert und sich selbst überlassen.

Neu ist hingegen, diese Elemente unter dem zentralen Thema Management Operationeller Risiken zu betrachten. Offenkundig ist in der Vergangenheit bei der Durchführung von Qualitätsmanagementmaßnahmen auch die Kostenseite berücksichtigt worden, die Risikoseite hingegen in vielen Fällen nur situativ und selten konsistent. Gleiches gilt für die Bereiche der Notfall- und Betriebsaufrechtserhaltungsplanung. Sowohl ihr Management erfolgt weitgehend autonom, als auch die Ermittlung der Auswirkungen und die Umsetzung von Maßnahmen. Die wenigsten Abteilungs- und Bereichsleiter wissen, für welche Aspekte ihrer Einheiten, Prozesse oder Betriebsmittel überhaupt Versicherungsschutz und wenn ja in welchem Umfang besteht. Outsourcing ist insbesondere durch die Gründung spezialisierter Transaktionsbanken und der Auslagerung des IT-Betriebs für Bereiche oder ganze Banken und den damit verbundenen Risiken ein weiteres Feld mit erheblichen Operationellen Risiken. Die konsistente Behandlung dieser Aspekte führt sicherlich zu positiven Resultaten. Durch eine Verringerung der eingegangenen Risiken werden tendenziell Verluste reduziert, was zu einer Steigerung des Gewinns führen wird.

Intern kann eine verbesserte Risk-Return-Steuerung etabliert werden, die nicht nur Markt- und Kreditrisiken umfasst, sondern ebenso die Operationellen Risiken. Bereits heute ist erkennbar, dass Qualität und Umfang eines Managements Operationeller Risiken auch direkte Auswirkungen auf das Rating einer Bank bekommen. Die Beurteilung dieses Managements wird zunehmend Bestandteil des Ratingprozesses und hat somit direkte Auswirkungen auf die Refinanzierungskosten eines Finanzinstituts. Dies wiederum wird von vielen Investoren und anderen Geschäftspartnern auch ohne die Offenlegungspflichten von Basel II als Entscheidungsgrundlage für zukünftige Geschäfte und die dabei zu verdienende Risikoprämie gesehen. Natürlich kann zum heutigen Stand der Methodenentwicklung, insbesondere dem frühen Stadium der Quantifizierungsmethoden, daran gezweifelt werden, ob der angenommene Zusammenhang von Verlustreduktion, verbesserter Risk-Return-Steuerung oder verändertem Rating zu den Operationellen Risiken zumindest in seiner Größenordnung richtig messbar ist. Tatsache bleibt, dass diese Effekte und Einflussgrößen bestehen und die Richtung ihrer jeweiligen Wirkung ist unstrittig. Offen bleibt dagegen bis heute, wie genau der Zusammenhang sich in Risiko und Ertrag ausdrückt und ob er die jeweilige Investition in vollem Umfang rechtfertigt.

Vor 15 Jahren war die Vorstellung, man könne alle marktrisikobehafteten Positionen einer Bank in einer Zahl zusammenfassen, die das eingegangene Risiko ausdrückt, für die meisten Marktteilnehmer in hohem Maße befremdlich. Dies war der Fall, obwohl die theoretische Basis bereits seit den fünfziger Jahren in ihren Grundzügen vorlag. Gleichermaßen ist es teilweise noch heute für traditionell geprägte Kreditsachbearbeiter nur mit Mühe nachvollziehbar, dass eine Kreditver gabeentscheidung nicht ausschließlich auf Einzelfallbasis, sondern zudem unter Einbeziehung übergeordneter Portfoliobetrachtungen getroffen wird.

Entsprechende Bestrebungen gelten heute für das Management Operationeller Risiken. Auch wenn Elemente wie Versicherungsprogramme, Qualitätsmanagement oder Notfallplanung erhebliches Spezialistenwissen voraussetzen, existiert parallel die Zielsetzung, diese Risiken auf konsistente Art zu messen und die Qualität ihres Managements zu beurteilen. Die Reduktion von Risiko in Prozessen, Personen und Systemen zu messen, um die ökonomische Sinnhaftigkeit einer entsprechenden Investition beurteilen zu können, wird durch das Management Operationeller Risiken sukzessive auf eine bessere Basis gestellt. Ebenso werden Ratingagenturen ihre Bewertungsmethoden verfeinern sowie Marktteilnehmer zukünftig mehr als nur das Markt- und Kreditrisiko in ihre Entscheidungen einbeziehen. Dazu entwickelt das Management Operationeller Risiken ein Framework von organisatorischen Anforderungen, Prozessen und Maßnahmen.

2.2 Regulatorische Rahmenbedingungen*

Das Thema Operationelle Risiken wurde von Seiten der Aufsicht aufgrund seines breiten Spektrums zunächst indirekt beispielsweise mit Publikationen zu Themen wie Internes Kontrollsystem und Qualitätsmanagement angerissen. Explizit hat es der Baseler Ausschuss für Bankenaufsicht (BCBS) erstmalig 1998 mit der Publikation (BIS 1998) aus einem qualitativen Blickwinkel aufgegriffen.

In Deutschland fordert das Gesetz zur Kontrolle und Transparenz im Unternehmensbereich (KonTraG) in seiner allgemeinen Ausprägung in § 91 Aktiengesetz („Der Vorstand hat geeignete Maßnahmen zu treffen, insbesondere ein Überwachungssystem einzurichten, damit den Fortbestand der Gesellschaft gefährdende Entwicklungen früh erkannt werden“) sowie in der für Kreditinstitute spezifischen Fassung § 25a Kreditwesengesetz („Ein Institut muss über geeignete Regelungen zur Steuerung, Überwachung und Kontrolle der Risiken sowie über angemessene Regelungen verfügen, anhand derer sich die finanzielle Lage des Instituts jederzeit mit hinreichender Genauigkeit bestimmen lässt“) das Vorhandensein geeigneter Risikomanagementsysteme zur Früherkennung bestandsgefährdender Risiken. Obwohl Operationelle Risiken hier nicht explizit genannt sind, müssen diese nach herrschender Meinung in diesem Rahmen berücksichtigt werden.

2.2.1 Sound Practices

Die erste abgeschlossene, ausschließlich auf Operationelle Risiken fokussierte Empfehlung ist das „Sound Practices for the Management and Supervision of Operational Risk“-Papier, welches auf Basis zweier Konsultationspapiere vom Dezember 2001 und Juli 2002 in seiner endgültigen Fassung im Februar 2003 vom Baseler Ausschuss für Bankenaufsicht veröffentlicht wurde (BIS 2003a).

Die Sound Practices können als den „Mindestanforderungen an das Betreiben von Handelsgeschäften der Kreditinstitute“ vom Oktober 1995 bzw. den „Mindestanforderungen an das Kreditgeschäft der Kreditinstitute“ vom Dezember 2002 verwandte, wenngleich international gültige Regelung verstanden werden. Sie geben Empfehlungen zur organisatorischen Verantwortung und inhaltlichen Ausgestaltung des Risikomanagementprozesses für Operationelle Risiken, einschließlich der aufsichtlichen Überprüfung sowie der Offenlegung gegenüber den Marktteil-

* Dieser Abschnitt basiert auf [Kaiser 2004].

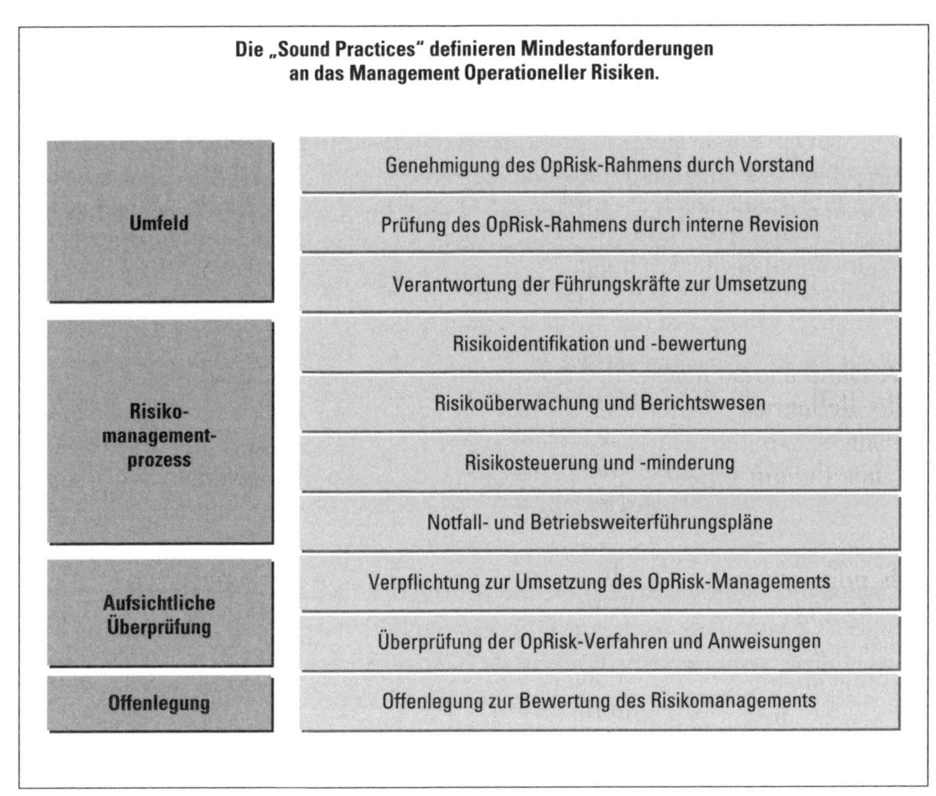

Abbildung 3: „Zehn Gebote" der Operational Risk Sound Practices

nehmern. Es ist zu erwarten, dass die Inhalte in die in Arbeit befindlichen Mindestanforderungen an das Risikomanagement (MaRisk) einfließen werden.

Im ersten Abschnitt der Sound Practices wird das Umfeld für das Management Operationeller Risiken definiert. Gemäß Grundsatz 1 kommt dem Vorstand die Verantwortung für die Inkraftsetzung und regelmäßige Überprüfung der Rahmenbedingungen für das Management von Operationellen Risiken als eigenständiger Risikoart zu. Der dort bankweit festgesetzte Rahmen muss gemäß Grundsatz 2 regelmäßig von einer vom Risikomanagement unabhängigen internen Revision geprüft werden. Die Führungskräfte sind laut Grundsatz 3 für die konsistente Umsetzung des Rahmens in der Gesamtbank zuständig. Allen Mitarbeitern müssen die jeweiligen Verantwortlichkeiten im Risikomanagementprozess verdeutlicht werden. Die Vorgehensweise ist in Grundsätzen, Anweisungen und Prozessen umzusetzen.

Der zweite Abschnitt präzisiert die Bestandteile des Prozesses zum Management Operationeller Risiken. Grundsatz 4 verlangt die Identifikation und Bewertung Operationeller Risiken in allen wesentlichen Produkten, Aktivitäten, Prozessen und Systemen. Ferner muss dafür Sorge getragen werden, dass vor der Aufnahme neuer Produkte, Aktivitäten, Prozesse oder Systeme eine Beurteilung der inhärenten Operationellen Risiken erfolgt. Im Grundsatz 5 wird die Überwachung des Profils der Operationellen Risiken mit Fokus auf materielle Risiken festgelegt. Das Berichtswesen an den Vorstand und die Führungskräfte soll ein proaktives Management Operationeller Risiken ermöglichen. Die Erfordernis eines Instrumentariums zur Risikosteuerung und -minderung findet in Grundsatz 6 seinen Niederschlag. Die Strategien zur Risikolimitierung und -kontrolle sollen regelmäßig im Licht des gesamten Risikoappetits und -profils überprüft und angepasst werden. Grundsatz 7 schließlich regelt die Verfügbarkeit von Notfall- und Betriebsweiterführungsplänen, welche die Verluste im Falle des Eintretens eines Ereignisses begrenzen.

Im dritten Abschnitt wird die Rolle der Aufsicht präzisiert. Aufseher sollen gemäß Grundsatz 8 von allen Banken das Vorhandensein eines effektiven Rahmens zum Management Operationeller Risiken als Bestandteil des Gesamt-Managementansatzes fordern. Die Aufsicht soll gemäß Grundsatz 9 regelmäßig unabhängige Überprüfungen der Einhaltung der Grundsätze, Anweisungen und Prozesse in Zusammenhang mit Operationellen Risiken durchführen. Ein Verfahren zur Nachvollziehung aktueller Entwicklungen in den Banken ist sicherzustellen.

Im letzten Abschnitt wird die Rolle der Offenlegung geschildert. Die Marktteilnehmer sollen durch hinreichende Bekanntmachung von Informationen den Ansatz zum Management Operationeller Risiken beurteilen können.

2.2.2 Historie der Entwicklung von Basel II und CAD 3

Während die „Sound Practices“ lediglich Empfehlungscharakter haben und die Erwartungshaltung der jeweiligen Aufsicht beeinflussen, gibt es neben den obengenannten Gesetzen weitere verbindliche Regeln zur Behandlung von Risiken. Hierbei geht es vor allem darum, die Funktionsfähigkeit des Finanzsystems als Erfordernis für einen reibungslosen Ablauf des übrigen Wirtschaftsgeschehens sicherzustellen. Hierzu wird die Eigenkapitalausstattung von Banken reglementiert, um das Auftreten von Risiken bis zu einem gewissen Grad abfedern zu können.

Im Grundsatz I des Kreditwesengesetzes (BaKred 2000) als deutsche Umsetzung der Baseler Eigenkapitalübereinkunft (Basel I) (BIS 1988) bzw. der Brüsseler Kapitaladäquanzrichtlinie (CAD 2) (EC 1993) ist bislang lediglich für Kredit- und Marktrisiken eine Unterlegung mit Eigenmitteln vorgeschrieben.

Das erste Konsultationspapier zur Neuregelung der Eigenkapitalausstattung der Banken (BIS 1999) fordert erstmalig eine quantitative Beschäftigung mit Operationellen Risiken im Sinne einer Eigenkapitalunterlegung für „other risks, principally operational risk". Damit sollen infolge der erhöhten Risikosensitivität bei der zukünftigen Bemessung der Kreditrisikounterlegung eingesparte, bislang implizit für „sonstige Risiken" als Puffer dienende Kapitalbestandteile nunmehr durch eine explizite Unterlegung ersetzt werden. Parallel wurde diese Entwicklung auch von der EU-Kommission in einem Konsultationspapier vollzogen (EC 1999).

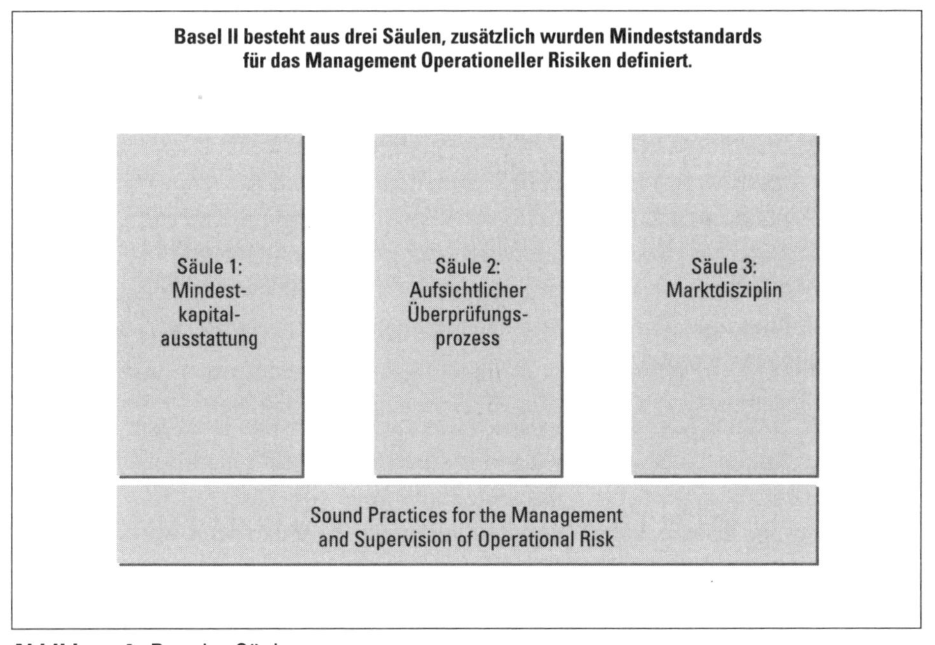

Abbildung 4: Baseler Säulen

Im Zuge des sich anschließenden kontinuierlichen Dialogs zwischen Bankenaufsicht und Gesetzgebung einerseits und Banken bzw. Bankenverbänden andererseits wurde die Eigenkapitalunterlegung im zweiten Konsultationspapier und dessen Ergänzungspapier zu Operationellen Risiken (BIS 2001a) explizit auf Operationelle Risiken als wichtigste und am ehesten messbare Komponente der

„other risks“ eingeschränkt. Der analoge Entwurf der EU-Regelung wurde publiziert (EC 2001). Andere Bestandteile der „other risks“, zum Beispiel Zinsänderungsrisiken im Anlagebuch, werden demgemäß im Rahmen der Säule 2 (aufsichtliches Überprüfungsverfahren, das heißt keine Eigenkapitalunterlegung unter der Mindestkapitalausstattung der Säule 1) der neuen Baseler Eigenkapitalvereinbarung behandelt.

Operationelle Risiken wurden zunächst als „die Gefahr von mittelbaren oder unmittelbaren Verlusten, die infolge der Unangemessenheit oder des Versagens von internen Verfahren, Menschen und Systemen oder von externen Ereignissen eintreten“ definiert (BIS 2001 in der Übersetzung der Deutschen Bundesbank). Somit ist erstmals in der aufsichtlichen Diskussion nicht zuletzt aufgrund Drängens der im Konsultationsprozess eingebundenen Banken eine positive Definition (im Gegensatz zur negativen Definition „alles außer Markt- und Kreditrisiko“) vorgeschlagen worden. Mit dem Operational Risk Working Paper (BIS 2001b) wurde die explizite Differenzierung zwischen mittelbaren und unmittelbaren Verlusten aufgegeben. Nunmehr ist lediglich von der „Gefahr von Verlusten, die infolge der Unangemessenheit oder des Versagens von internen Verfahren, Menschen und Systemen oder infolge externer Ereignisse eintreten“ die Rede. Das rechtliche Risiko ist in diesen Definitionen explizit enthalten, während das strategische Risiko und das Reputationsrisiko ausgeschlossen sind. Die Detailbetrachtung zeigt jedoch, dass weiterhin eine genauere Abgrenzung zwischen Operationellen Risiken und den etablierteren Risikoarten notwendig ist (beispielsweise Erhöhung eines Kreditausfallbetrages durch unzureichende Sicherheitenverwaltung), siehe dazu das nachfolgende Kapitel.

Das zweite Baseler Konsultationspapier wie auch das zweite Brüsseler Konsultationspapier führen – wie auch im Kreditrisikobereich – für Operationelle Risiken ein „continuum of approaches“, also eine Bandbreite von Ansätzen ein, welche zur Bemessung der erforderlichen Kapitalunterlegung herangezogen werden dürfen. Grundsätzlich werden die Kapitalermittlungsansätze mit zunehmender Sophistizierung risikosensitiver, aber auch anspruchsvoller hinsichtlich qualitativer und quantitativer Voraussetzungen, die zu ihrer Anwendung erfüllt werden müssen. Als Anreiz zur Wahl fortschrittlicher Ansätze und somit zur Weiterentwicklung der einzelnen Banken auf dem Kontinuum werden Kapitalentlastungen für die Anwendung fortschrittlicher Methoden in Aussicht gestellt. So wird dem unterschiedlichen Entwicklungsstand und der unterschiedlichen Bedeutung der Operationellen Risiken in den einzelnen Banken mit einer stärkeren Differenzierung der Herangehensweise Rechnung getragen. Die Kapitalersparnis bei fortschrittlicheren Modellen wird jedoch über eine risikoartenübergreifende Untergrenze (floor) eingeschränkt. Im ersten Jahr der Anwendung Ambitionierter Messansätze (das heißt voraussichtlich 2008) darf die gemäß Basel II ermittelte Eigenkapitalausstattung (Summe aus Markt- und Kreditrisiken sowie Operationellen Risiken) nicht unter das Niveau von 90 Prozent der entsprechenden Berechnungsergebnisse laut Basel I (Summe aus Markt- und Kreditrisiken) fallen, im darauffolgenden Jahr gilt eine Untergrenze von 80 Prozent, über die Folgejahre ist noch keine diesbezügliche Entscheidung gefallen.

Der Basler Ausschuss nennt drei Ansätze zur Messung von OpRisk für regulatorische Kapitalzwecke:

- Basisindikatoransatz
  - Eine Zahl für den Gesamtkonzern
- Standardansatz / Alternativer Standardansatz
  - Eine Zahl pro standardisiertem Geschäftsfeld
- Ambitionierte Messansätze (AMA)
  - Eine Zahl pro interner Geschäftsfeld/Verlusttyp-Kombination

„Partial use" zwischen Basisindikator-/Standardansatz und AMA ist möglich, aber keine Rückkehr zu einfacheren Ansätzen.

Abbildung 5: Übersicht über das Continuum of Approaches

Im Operational Risk Working Paper vom September 2001 (BIS 2001b) wurde die Regelung hinsichtlich der sophistiziertesten Ansätze signifikant geändert. Seitdem besteht die Möglichkeit der Zulassung bankeigener Modelle (Ambitionierte Messansätze/Advanced Measurement Approaches) basierend auf einem Kriterienkatalog anstelle der Anwendung einer vorher vorgegebenen Formel (Internal Measurement Approach).

Das dritte Baseler Konsultationspapier vom April 2003 (BIS 2003b) beinhaltet konkretere Formulierungen der Zulassungskriterien zu Standardansatz und Ambitionierten Messansätzen einschließlich Regelungen zu partial use und Anerkennung von Versicherungen. Das dritte Konsultationspapier zum Richtlinienentwurf der Brüsseler Kapitaladäquanzrichtlinie CAD 3 vom Juli 2003 (EC 2003) lehnt sich stark an die Baseler Vorschläge an.

Im Juni 2004 wurde der Baseler Akkord (BIS 2004) abgeschlossen. Der Richtlinienentwurf der EU-Kommission wurde im Juli 2004 veröffentlicht (EC 2004). Der Umfang der Änderungen gegenüber dem jeweils dritten Konsultationspapier ist im Hinblick auf Operationelle Risiken gering und beschränkt sich im Wesentlichen auf Präzisierungen zum partial use bzw. zu Konzern-AMA-Aspekten und home-host-Regelungen sowie auf Modifikationen der Berechnungsformeln für Basisindikatoransatz und Standardansatz.

Die größte Änderung liegt in der zeitlichen Verschiebung der erstmaligen Anwendung von AMA-Modellen um ein Jahr. Banken sollen nun eine zweijährige Testphase vor Anwendung des Modells absolvieren.

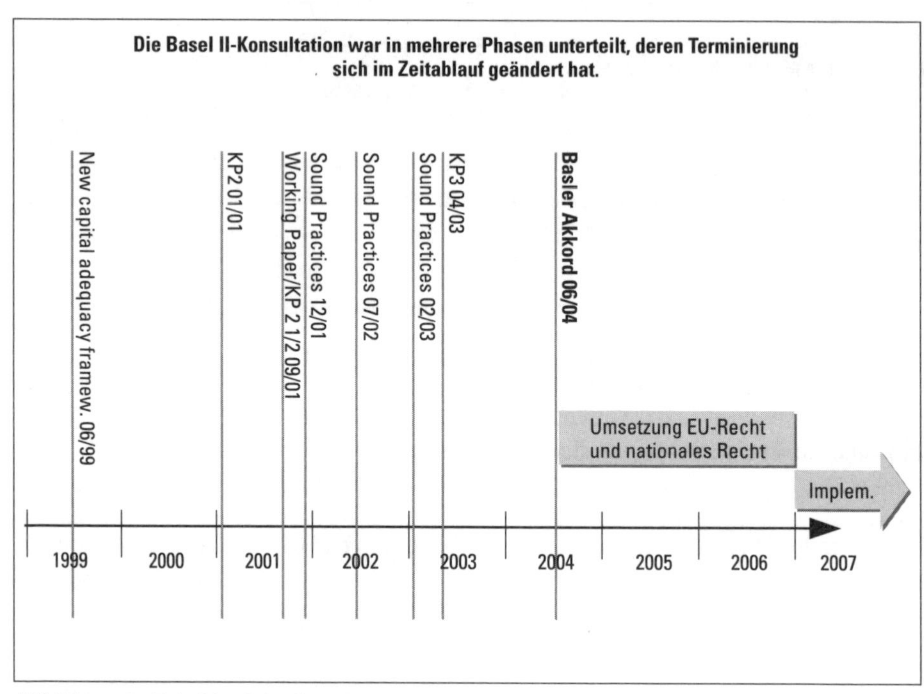

Abbildung 6: Zeitablauf der Basel-Konsultation

2.2.3 Ansätze zur Ermittlung der Kapitalunterlegung

Basisindikatoransatz

Der Basisindikatoransatz (Basic Indicator Approach) ist der einfachste Ansatz im Kontinuum. Er kann von allen Banken bis auf international tätige oder solche mit signifikanten Operationellen Risiken angewendet werden. Die Kapitalbelastung K errechnet sich als α-faches des Bruttoertrags (Gross Income) des Instituts.

$$K = \alpha \cdot GrossIncome$$

Der Bruttoertrag wird hierbei als Dreijahresdurchschnitt (laut CAD 3-Entwurf basierend auf Halbjahreszahlen) der Summe von Zinsüberschuss und Nicht-Zinsergebnis (das sind Provisionsüberschuss, Handelsergebnis, Finanzanlageergebnis sowie sonstige ordentliche betriebliche Erträge) definiert. Nur Jahre mit echt positivem Bruttoertrag werden bei der Durchschnittsbildung berücksichtigt. Der Faktor α wurde von der Aufsicht unter Berücksichtigung des angestrebten durchschnittlichen Kapitalniveaus einheitlich festgelegt, er beträgt 15 Prozent.

Standardansatz

Der Standardansatz (Standardized Approach) folgt einer ähnlichen Logik wie der Basisindikatoransatz, differenziert jedoch nach standardisierten Geschäftsfeldern, um eine höhere Risikosensitivität durch die Berücksichtigung eines unterschiedlichen Risikoprofils in diesen Geschäftsfeldern zu erreichen. Er wird als Einstiegsniveau für international tätige Banken sowie für Banken mit signifikanten Operationellen Risiken angesehen.

$$K = \sum_{i=1}^{7} K_{\mathrm{BLi}}$$

$$K_{\mathrm{BLi}} = \beta_{\mathrm{BLi}} \cdot Indicator_{\mathrm{BLi}}$$

Die Kapitalbelastung K_{BLi} je aufsichtlich einheitlich festgelegtem Geschäftsfeld BL_{i} (siehe untenstehende Tabelle) wird als Produkt aus dem Wert eines geschäftsfeldspezifischen Indikators (Bruttoertrag) und einem einheitlichen vorgegebenen Faktor β_{BLi} ermittelt, die Gesamtbelastung K als Summe der Einzelbelastungen. Gemäß Basel II dürfen negative Bruttoerträge eines Geschäftsfeldes mit positiven Erträgen anderer Geschäftsfeldern saldiert werden, während dies unter dem CAD 3-Entwurf nicht gestattet ist.

Eine weitergehende kapitalbedarfsreduzierende Berücksichtigung von Diversifikationseffekten über die Geschäftsfelder wird somit nicht gewährt. Für die einzelnen standardisierten Geschäftsfelder wurden β-Faktoren von 12, 15 bzw. 18 Prozent festgelegt.

Tabelle 1: Business Lines/Geschäftsfelder und Beta-Faktoren

Corporate finance (β_1)	Unternehmensfinanzierung/-beratung	18 %
Trading and sales (β_2)	Handel	18 %
Retail banking (β_3)	Privatkundengeschäft	12 %
Commercial banking (β_4)	Firmenkundengeschäft	15 %
Payment and settlement (β_5)	Zahlungsverkehr und Wertpapierabwicklung	18 %
Agency services (β_6)	Depot- und Treuhandgeschäft	15 %
Asset management (β_7)	Vermögensverwaltung	12 %
Retail brokerage (β_8)	Wertpapierprovisionsgeschäft	12 %

Als Variante zum Standardansatz wurde der Alternative Standardansatz (ASA) entwickelt. Bei diesem findet im Unterschied zum Standardansatz als Indikator für die Geschäftsfelder Privat- und Firmenkundengeschäft das mit 0.035 multiplizierte Kreditvolumen Verwendung. Die Anwendung des ASA ist an die explizite Zulassung durch die Bankenaufsicht geknüpft, hierzu muss insbesondere nachgewiesen werden, dass im Standardansatz eine Doppelunterlegung von Kreditrisiken und Operationellen Risiken resultieren würde. Ursprünglich für Nicht-G10-Banken konzipiert, findet der ASA in Deutschland voraussichtlich keine Anwendung.

Ambitionierte Messansätze

Während Basisindikator- und Standardansatz keine bzw. eine nur sehr unzureichende Risikosensitivität aufweisen, soll die dritte Stufe des „continuum of approaches" dem Anspruch der Neuregelung des Baseler Akkords hinsichtlich risikoadäquater Kapitalunterlegung gerecht werden. Die hierzu verwendeten Ambitionierten Messansätze (Advanced Measurement Approaches/AMA) stellen gewissermaßen das Analogon zu Internen Modellen im Marktrisiko dar. Nachdem sich im Zuge des Konsultationsprozesses herauskristallisiert hat, dass ein „one-size-fits-all-Modell" für Operationelle Risiken nicht verfügbar ist (und insbesondere der hierzu entwickelte und vorgeschlagene Interne Bemessungsansatz (IMA) nicht eine solche Lösung zu sein scheint), wurde das Feld für die Entwicklung von internen Messverfahren unter einem vorgegebenen Anforderungskatalog eröffnet.

Im Unterschied zum Standardansatz kann die Modellierung und Eigenkapitalermittlung auf Basis der internen Geschäftsstruktur erfolgen. Ferner wird eine Unterteilung der Operationellen Risiken nach (gegebenenfalls ebenfalls intern definierten) Risikokategorien (Ereigniskategorien wie zum Beispiel externe Kriminalität, Fehlbearbeitung) vorgenommen.

Die Kapitalunterlegung bezieht sich grundsätzlich auf die Summe von erwarteten und unerwarteten Verlusten (im statistischen, nicht im umgangssprachlichen Sinne). Sofern nachgewiesen werden kann, dass die erwarteten Verluste im Rahmen von Budgetierung bzw. Standardrisikokosten in der Produktkalkulation Berücksichtigung finden, können die entsprechenden Beträge von der Kapitalunterlegung abgezogen werden.

Tabelle 2: Baseler Event Types

Ereigniskategorie 1. Ebene	Ereigniskategorie 2. Ebene
Interner Betrug	Unbefugte Handlungen
	Diebstahl und Betrug
Externer Betrug	Diebstahl und Betrug
	Systemsicherheit
Beschäftigungspraxis und Arbeitsplatzsicherheit	Ereignisse in Verbindung mit Arbeitnehmern
	Sicherheit des Arbeitsumfeldes
	Soziale und kulturelle Verschiedenheit/Diskriminierung
Kunden, Produkte und Geschäftsgepflogenheiten	Angemessenheit, Offenlegung und treuhänderische Pflichten
	Unzulässige Geschäfts- oder Marktpraktiken
	Produktfehler
	Kundenauswahl, Kreditleihe und Kreditausmaß
	Beratungstätigkeiten
Sachschäden	Katastrophen und andere Ereignisse
Geschäftsunterbrechungen und Systemausfälle	Systeme
Abwicklung, Vertrieb- und Prozessmanagement	Erfassung, Abwicklung & Betreuung von Transaktionen
	Überwachung und Meldung
	Kundenaufnahme und -dokumentation
	Kundenkontoführung
	Geschäftspartner
	Lieferanten und Anbieter

Als (nicht erschöpfende) Beispiele für AMA-Modelle werden der Verlustverteilungsansatz (Loss Distribution Approach LDA), der Szenario-basierte Ansatz sowie der Risk Drivers and Controls Approach genannt (siehe Abschnitt 5.7.2).

2.2.4 Qualifikationskriterien für die einzelnen Ansätze

Die Anwendung der einzelnen Stufen des Kontinuums ist an die Erfüllung vorgegebener Qualifikationskriterien geknüpft. Diese stehen in engem Zusammenhang mit den qualitativen Kriterien der Säule 2 von Basel II (aufsichtliches Überprüfungsverfahren).

Alle Banken – und somit auch die Anwender des Basisindikatoransatzes – sollen die Mindeststandards erfüllen, welche in dem „Sound Practices for the Management and Supervision of Operational Risk"-Papier (BIS 2003a) festgelegt sind.

Zur Zulassung zum Standardansatz müssen die Banken über dieses Papier hinausgehende Anforderungen erfüllen. Diese umfassen einerseits eher qualitative Voraussetzungen (effektives Risikomanagement und Kontrolle), andererseits eher quantitative Kriterien (Bewertung und Validierung). Die qualitativen Anforderungen zielen im Wesentlichen auf das Vorhandensein eines definierten umfassenden Prozesses zum Management Operationeller Risiken, das heißt zur Risikobewertung und -berichterstattung unter Einbindung des Vorstands, einer Risikocontrolling-Einheit sowie der internen Revision. Die quantitativen Kriterien umfassen sowohl die direkt für die Ermittlung der Kapitalunterlegung erforderlichen Daten und Methoden (das heißt Bruttoerträge und deren Mapping auf die regulatorischen Geschäftsfelder) als auch darüber hinausgehende Schritte (Beginn einer systematischen, bankweiten Verlustdatensammlung). Hinsichtlich der Qualifikationskriterien für den Standardansatz zeigen das Baseler und das Brüsseler Konsultationspapier die größten Unterschiede. Während sich der Richtlinienentwurf der CAD 3 auf einen relativ allgemeinen, kurzen Anforderungskatalog beschränkt, beinhaltet Basel II für international tätige Banken einen umfangreichen Kriterienkatalog zur Zulassung zum Standardansatz, welcher sich nur marginal von dem für die Ambitionierten Messansätze unterscheidet (die Hauptunterschiede liegen im Ersatz des Begriffs „Risikomessung" durch „Risikobewertung" sowie im Wegfall der Anforderungen an ein Risikomesssystem).

Für die Zulassung zu Ambitionierten Messansätzen (AMA) ist die Erfüllung aller für den Standardansatz definierten Kriterien sowie einer Reihe darüber hinausgehender Anforderungen nötig. Die qualitativen Anforderungen bedingen im Wesentlichen die vollständige Integration der ermittelten Risikomaße in die operative und strategische Steuerung der Bank (insbesondere durch die Allokation internen Kapitals). Die quantitativen Kriterien umfassen eine systemgestützte, zuverlässige konzernweite Verlustdatensammlung mit mehrjähriger Historie sowie adäquate Methoden zur Ergänzung dieser internen Daten mit angepassten, qualitätsgesicherten externen Daten und Szenarioanalysen. Ergänzend ist die Berücksichtigung von Geschäftsumfeld- und Kontrollfaktoren vorgeschrieben. Ferner ist die Validierung der gewonnenen Ergebnisse beispielsweise mittels Stresstests gefordert. Alle Schritte des Prozesses (Controllingumfeld für Operationelle Risiken, Datenbeschaffung, Durchführung der Bemessung und Validierung der Ergebnisse) unterliegen der aufsichtlichen Überwachung.

Jedes AMA-Modell muss vier Hauptkomponenten beinhalten. Dies sind zum einen interne Verlustdaten, welche in Form einer mindestens fünfjährigen Historie (übergangsweise bei erstmaliger Beantragung der Verwendung von AMA-Modellen genügen drei Jahre) vorliegen müssen. Externe Verlustdaten, Szenarioanalysen sowie qualitative Komponenten (Geschäfts- und Kontrollumfeld, beispielsweise Ratings aus Risk Assessment oder Key Risk Indicators) müssen ebenfalls Verwendung finden. Die kapitalmindernde Berücksichtigung von Versicherungen ist unter definierten Bedingungen möglich.

Ziel ist die Ermittlung eines Value-at-Risk vergleichbar zum Konfidenzniveau 99,9 Prozent (analog dem Kreditrisiko) auf einem Ein-Jahres-Horizont. Hierbei sollen die seltenen, hohen Ereignisse explizit abgedeckt werden, eine Möglichkeit hierzu ist die Verwendung von Szenarioanalysetechniken. Die Modellergebnisse müssen anschließend validiert werden.

Tabelle 3: Wesentliche qualitative Anforderungen an Ambitionierte Messansätze

Unabhängige Einheit zur Entwicklung und Festlegung von Methoden zur Unterstützung des Management-Prozesses für Operationelle Risiken
Integration der Risikomessung in das tägliche Risikomanagement, insbesondere in die interne Kapitalallokation auf Geschäftsfelder
Berichtswesen an Vorstand und Führungskräfte über tatsächliche und potenzielle Operationelle Risiken
Dokumentation des Risikomanagementsystems
Prüfung des gesamten Managementprozesses für Operationelle Risiken durch interne oder externe Prüfer
Validierung des Messmodells durch externe Prüfer oder Bankenaufsicht (Datenflüsse und Prozesse)

Tabelle 4: Wesentliche quantitative Anforderungen an Ambitionierte Messansätze

Wesentliche quantitative Anforderungen
Vergleichbare Solidität zum Kreditrisiko (99,9 Prozent Konfidenz bei einjähriger Halteperiode)
Abdeckung der Baseler Definition Operationeller Risiken sowie der Ereigniskategorien
Berechnung der Eigenkapitalanforderung als Summe der erwarteten und unerwarteten Verluste, sofern erwartete Verluste nicht anderweitig berücksichtigt werden
Hinreichender Detaillierungsgrad bzw. Granularität zur Erfassung der Haupttreiber für Operationelle Risiken
Grundsätzlich Addition der Einzelergebnisse; Anerkennung intern bestimmter Korrelationen jedoch möglich
Verwendung interner Daten, sachdienlicher externer Daten, Szenarioanalysen sowie Faktoren, die das Geschäftsumfeld und das interne Kontrollsystem widerspiegeln.

Banken transferieren Risiken durch den Abschluss von Versicherungspolicen, beispielsweise gegen Feuerschäden oder kriminelle Handlungen durch Externe. Neben diesen traditionellen Versicherungen werden zur Zeit auch Versicherungsprodukte entwickelt, welche den spezifischen Bedürfnissen der Operationellen Risiken besser gerecht werden (zum Beispiel durch die Abdeckung einer breiteren Palette von Einzelrisiken, höhere Deckungssummen sowie modifizierte Zahlungsbedingungen etc.). Ferner werden vermehrt Leistungen, zum Beispiel die Abwicklung von Wertpapiertransaktionen, an Dritte ausgelagert (Outsourcing).

Eine entsprechende vertragliche Regelung vorausgesetzt führen beide Vorgehensweisen zu einer Verminderung der Häufigkeit und/oder Höhe der potenziellen Verluste aus Operationellen Risiken. Eine entsprechende Verminderung der Kapitalanforderung ist bei Nachweis der Effektivität des Risikotransfers möglich. Diese hängt neben der konkreten vertraglichen Gestaltung insbesondere auch von der Finanzkraft der Vertragspartei sowie der Geschwindigkeit der eventuell erforderlichen Zahlung ab. Insbesondere ist für die Anerkennung von Versicherungsverträgen vorgeschrieben, dass der Versicherer mindestens ein Rating von A besitzt; sofern er zum Bankkonzern gehört, ist eine Rückversicherung erforderlich. Der Umfang der Versicherung in Bezug auf Operationelle Risiken muss genau abgegrenzt werden. Die ursprüngliche Vertragslaufzeit muss mindestens ein Jahr und die Kündigungsfrist 90 Tage betragen; bei Unterschreitung dieser Frist muss ein adäquater Abschlag von der Anrechnung vorgenommen werden.

2.2.5 Weitere Bestandteile der aufsichtlichen Regelungen und Zeitplan

Ein wichtiger Punkt bei der Anwendung von Basel II bzw. CAD 3 ist die Behandlung von Auslandstöchtern. Hier ist eine Zusammenarbeit der Bankenaufsicht des Gastlandes sowie derjenigen des Sitzes der Muttergesellschaft erforderlich (home-host supervision). Demgemäß ist es der Muttergesellschaft mit Billigung aller beteiligten Aufsichtsinstanzen gestattet, für nicht signifikante Töchter die Kapitalausstattung anhand eines Konzern-AMA zu ermitteln, welcher auch Diversifikationseffekte über den Bankkonzern hinweg berücksichtigen darf.

Um den Banken die Entwicklung zum AMA zu erleichtern, dürfen sie grundsätzlich einen Ambitionierten Messansatz für einen Teil ihres Geschäfts und Basisindikator- oder Standardansatz für den Rest einsetzen (partial use), sofern damit die Gesamtbank abgedeckt wird. Von Ausnahmen abgesehen ist von Basel II die permanente Anwendung eines partial use nicht gestattet, während die CAD 3 in dieser Hinsicht offener ist.

Die zweite Säule der neuen Baseler bzw. Brüsseler Eigenkapitalvereinbarungen (aufsichtliches Überprüfungsverfahren) ergänzt die erste Säule (Mindestkapitalanforderungen) hinsichtlich aller Risikoarten. Sie fördert allgemein die Weiterentwicklung der Banken in Bezug auf Risikocontrolling und -management und beabsichtigt insbesondere eine den tatsächlichen Risiken angemessene interne Kapitalallokation. Im Rahmen dieses Überprüfungsverfahrens wird auch die Einhaltung der Mindestanforderungen für die Zulassung der fortschrittlicheren Ansätze sowie der Sound Practices geprüft.

Die aufsichtliche Prüfung für Operationelle Risiken umfasst alle Aspekte der gewählten Methode zur Kapitalunterlegung gemäß Säule 1 sowie den Zustand des Managements Operationeller Risiken einschließlich der Kontrolle durch die Interne Revision sowie Risikovermeidungsmaßnahmen. Die nicht vollständige Einhaltung der Anforderungen bzw. der nicht angemessene Umfang der Umsetzung führt zur Anwendung eines abgestuften Maßnahmenkatalogs seitens der Aufsicht.

Gemäß Säule 3 werden die Offenlegung des Mindestkapitals sowie der zur Bestimmung des regulatorischen Kapitals verwendeten Methoden gefordert. Der Umfang der Offenlegung hängt sowohl von der Größe und Bedeutung des jeweiligen Instituts als auch vom konkret gewählten Ansatz ab.

Nach der Veröffentlichung des Richtlinienentwurfs der EU-Kommission im Juli 2004 wird die Verabschiedung der Richtlinie durch das EU-Parlament im Jahr 2005 erwartet. Parallel müssen alle EU-Staaten die Richtlinie in nationales Recht überführen, welches ab 31.12.2006 Gültigkeit haben soll.

Von Banken, welche die frühestmögliche Zulassung zur Anwendung Ambitionierter Messansätze beantragen wollen, wird erwartet, dass sie in den Jahren 2006 und 2007 einen Parallellauf zwischen Basel I und Basel II durchführen.

Asset Management-Gesellschaften werden voraussichtlich über eine entsprechende EU-Richtlinie (UCITS III) mit ähnlichen Regelungen bedacht werden, im Versicherungssektor zeichnet sich unter dem Stichwort „Solvency II" auf EU-Ebene eine sehr ähnliche Ausrichtung ab.

3. Operationelle Risiken im Kontext aller Risikoarten

Für Markt- und Kreditrisiken sind in den meisten Banken seit einigen Jahren entsprechende Organisationsstrukturen und Risikomanagementprozesse etabliert worden. Ein analoger Ansatz für Operationelle Risiken ist in meisten Häusern noch im Aufbau begriffen.

Wie ein Vergleich zwischen diesen Risikoarten zeigt, sind die Portfolioelemente, welche dem Risikomanagement unterliegen, im Falle der Operationellen Risiken abstrakter als beim Markt- bzw. Kreditrisiko, und darüber hinaus ist das Exposure gar nicht, beziehungsweise lediglich durch den Liquidationswert des Unternehmens beschränkt.

Strukturelle Unterschiede zwischen Operationellen Risiken, Markt- und Kreditrisiko erfordern eine unterschiedliche Behandlung.

	Betrachtungsebene	Risikokategorien	Portfolioelemente	Exposure	Max. Anzahl Verluste
Marktrisiko	Trading Desk/ Portfolio	Zins-/FX-/ Kursrisiko	Wertpapiere	Marktwert (außer Leerverkäufe/Derivate)	Anzahl der Wertpapiere
Kreditrisiko	Kreditportfolio	Segmente	Kredite	Kreditvolumen	Anzahl der Kredite
OpRisk	Unternehmensbereich	Ereigniskategorien	Prozesse	unbeschränkt	unbeschränkt

Abbildung 7: Strukturelle Unterschiede der Risikoarten

Einige Banken haben ergänzend Risikoarten wie Liquiditätsrisiko, Geschäftsrisiko, Strategierisiko und Reputationsrisiko definiert und beziehen diese in die Risikomessung und -steuerung mit ein. Aufgrund einer Vielzahl an potenziellen Überschneidungen wird deutlich, dass es einer konsistenten Abgrenzung zwischen den einzelnen Risikoarten bedarf.

Insbesondere zeigt sich, dass sich viele Verluste zwar in einem typischen Ereignis einer Risikoart niederschlagen, jedoch aus Operationellen Risiken stammen oder durch sie in erheblichem Maße mitverursacht werden.

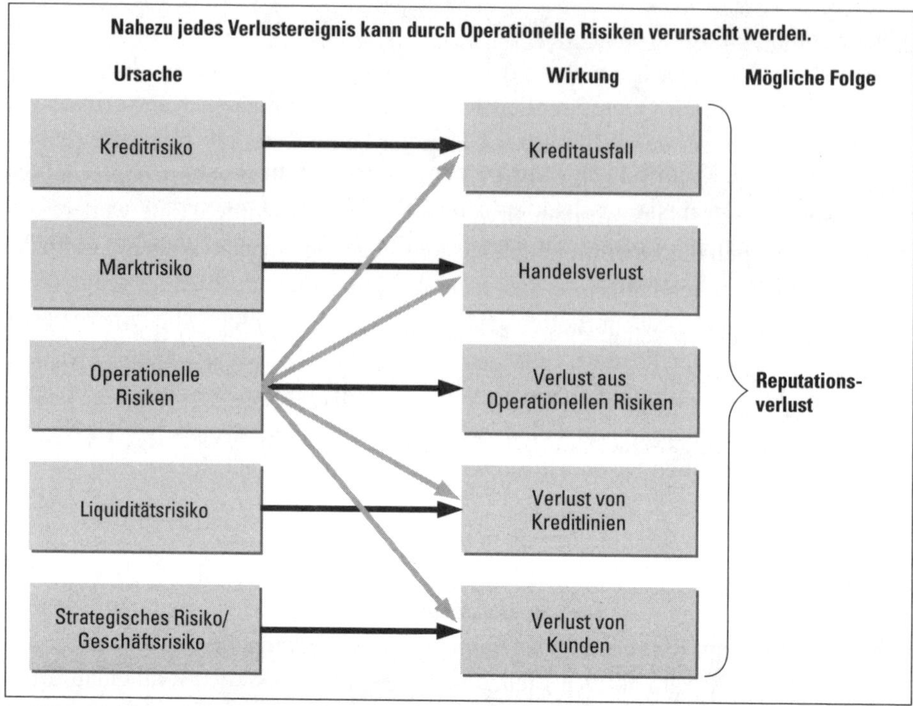

Abbildung 8: Operationelle Risiken als Ursache von Verlusten

Überlappung mit Kreditrisiken

Eine Vielzahl von Verlusten aus dem Kreditbereich sind nicht als originäres Kreditrisiko zu bezeichnen, sondern resultieren aus Ereignissen im Bereich der Operationellen Risiken. Beispiele hierfür sind Ausfälle von Krediten, bei denen der Kreditvergabeprozess nicht korrekt bearbeitet wurde und daher ein falsches Rating für das Engagement vergeben wurde. Kreditbetrug kann ebenfalls zur fehlerhaften Vergabe von Krediten führen. Ferner kann eine mangelhafte Sicherheitenverwaltung dazu führen, dass der tatsächliche Verlust aus einem Kreditengagement höher ausfällt als angenommen. Diese Beispiele zeigen auch, dass in vielen Fällen keine vollständige Zuordnung von Verlusten zu genau einer Risikoart möglich und sinnvoll ist. Unter der Voraussetzung, dass der Kreditausfall selbst in letztgenanntem Beispiel dem klassischen Kreditrisiko zuzuordnen ist, sollte lediglich der Teil, dessen Sicherheiten falsch ermittelt oder verwaltet wurden, den Operationellen Risiken und der Rest dem Kreditrisiko zugeordnet werden. Für die Berechnung des regulatorischen Eigenkapitals werden diese Kreditausfälle jedoch bis auf Weiteres dem Kreditrisiko zugeordnet.

Überlappung mit Marktrisiken
Beispiele für Verluste, die bislang dem Marktrisiko zugeordnet wurden, konzeptionell jedoch zu den Operationellen Risiken gehören, können Kursverluste von Finanztiteln sein, für deren Erwerb der Händler keine Autorisierung hatte (entweder, weil das spezielle Produkt nicht zu seiner Produktliste gehört oder weil das Limit für dieses Produkt mit dem Erwerb überschritten wurde). Eine weitere eindeutig im Bereich der Operationellen Risiken liegende Ursache können Fehltrades aufgrund technischer Fehler bei der Eingabe sein. Nicht rechtzeitig reagierende Computer können bei wiederholten Tastenbetätigungen Fehleingaben provozieren. Die Glattstellung der Position führt bei entsprechendem Kursrückgang zwischen Kauf- und Verkaufzeitpunkt zu einem Verlust, der bislang in der P&L des entsprechenden Desks seinen Niederschlag gefunden hat, korrekterweise jedoch als Verlust aus Operationellen Risiken ausgewiesen werden sollte.

Vorgehensweise zur Trennung der Risikoarten
Die Trennung der Risikoarten schlägt sich auf alle in Folgekapiteln behandelten Schritte des jeweiligen Risikomanagementprozesses nieder, das heißt auf Identifikation, Bewertung, Reporting, Management und Überwachung. Insbesondere sind die Möglichkeiten zum aktiven Management bei Operationellen Risiken aufgrund des endogenen Charakters dieser Risikoart (Verursachung mehrheitlich innerhalb der Bank anstelle durch externe Marktbewegungen) oft größer als bei Markt- und Kreditrisiken, so dass die Trennung direkte Vorteile haben kann. Andererseits folgen aus einer Neuzuordnung von Risikoereignissen komplexe und daher nicht allgemeingültig bewertbare Auswirkungen auf die regulatorische Kapitalunterlegung sowie tendenziell negative Steuereffekte (beispielsweise Auflösung von Rückstellungen für drohende Kreditausfälle).

Die Vorgehensweise bei der Trennung muss sorgfältig festgelegt werden, um Verzerrungen bei der darauf basierenden Betrachtung der Risiken zu vermeiden. So muss der Tatsache Rechnung getragen werden, dass alle Risikoarten eine Mindestdatenhistorie für Quantifizierungszwecke benötigen; dies erfordert eine gewisse Zeit der Parallelanwendung, bis eine hinreichende Datenhistorie nach den neuen Regelungen vorliegt und somit eine Neukalibrierung aller Risikoarten möglich ist. Eine rückwirkende Neuzuordnung – wie anfänglich im Rahmen des Konsultationsprozesses diskutiert – erscheint zumindest bei größeren Häusern nicht praktikabel. Grundsätzlich sollte die Zuordnung zu einer Risikoart – im Einzelfall auch anteilig – ursachenbasiert erfolgen. Eine Detailanalyse zur Feststellung der Ursachen ist jedoch nur bei materiellen Verlusten aus Kosten-Nutzen-Aspekten zu rechtfertigen; kleinere Verluste (zum Beispiel aus dem Konsumentenkreditbereich) können beispielsweise auf der Basis statistischer Verfahren zugeordnet werden (Ermittlung der Quote der durch Operationelle Risiken induzierten Kreditausfälle auf Basis einer Stichprobe und Anwendung derselben auf das Gesamtportfolio).

Aggregation der Risikoarten
Zur Gesamtbanksteuerung in einem Risiko-Ertragsmodell (wie beispielsweise Risk Adjusted Return On Capital RAROC) müssen alle einzelnen gemessenen Risiken zu einer Gesamtgröße zusammengeführt werden. Da üblicherweise Value-at-Risk-Verfahren zur Messung der Einzelrisiken eingesetzt werden, würde eine Addition der Einzelwerte in aller Regel zu einer Überschätzung des Gesamtrisikos führen. Dies rührt daher, dass Value-at-Risk-Maße auf hohen Quantilen und somit seltenen Ereignissen (die annähernd worst-case-Charakter haben) beruhen. Die Addition von hohen Quantilen wiederum impliziert das gleichzeitige Auftreten von unterschiedlichen worst-case-Szenarien und somit eine perfekte Korrelation der Risikoarten miteinander. Obgleich eine gewisse Korrelation von Ereignissen unterschiedlicher Risikoarten nicht auszuschließen ist, ist die Annahme einer perfekten Korrelation unrealistisch und führt somit zu sehr konservativen Ergebnissen.

Zur Umgehung dieses Tatbestands gibt es keine einfache Lösung, wie die andauernde Suche nach Integrationsmöglichkeiten für Markt- und Kreditrisiken zeigt. Die ideale Vorgehensweise bestünde in einer gemeinsamen Modellierung der alle Risikoarten beeinflussenden Faktoren. Dies würde die Berücksichtigung von Korrelationen zwischen den Risikoarten bereits auf Faktorebene ermöglichen. Ein pragmatischer Lösungsansatz, der jedoch die Gefahr signifikanter Verzerrungen birgt, besteht in der „Wurzel aus der Summe der Quadrate"-Methode. Exakt gilt diese Formel – gegebenenfalls um Korrelationen bzw. Kovarianzen modifiziert – lediglich, sofern der Value-at-Risk ein Vielfaches der Standardabweichung ist. Diese Konstellation gilt nur bei Normalverteilungen mit Erwartungswert 0. Da Kreditrisiken und Operationelle Risiken durch die Normalverteilung eher schlecht charakterisiert werden, werden üblicherweise andere, schiefe und „fat tailed" Verteilungen herangezogen, für die dieser Zusammenhang nicht zutrifft. Überdies haben sowohl Kreditrisiken als auch Operationelle Risiken Erwartungswerte, die sich deutlich von 0 unterscheiden. Neuere Verfahren beruhen auf der mathematisch-statistischen Theorie der Copulas, mit denen Abhängigkeitsstrukturen effizient modelliert werden können.

Zusätzlich zur Abgrenzung zu und Integration mit Markt- und Kreditrisiken werfen auch weitere Risikoarten wie Geschäftsrisiko, Strategierisiko sowie Reputationsrisiko Fragen der Abgrenzung auf. Insbesondere sind Reputationsrisiken in der Regel Folgewirkungen anderer Risikoereignisse. So kann zum Beispiel das Bekanntwerden eines längeren Ausfalls des Zentralrechners der Bank zu negativer Presse mit entsprechend rückläufigem Kundenzuspruch (Abwanderung von Bestandskunden, sinkende Akquisition von Neukunden) führen. Da die Ursprünge des Reputationsrisikos im Auftreten von Risikoereignissen anderer Risikoarten liegen, ist die Behandlung des Risikos im Rahmen der jeweils auslösenden Risikoart ratsam.

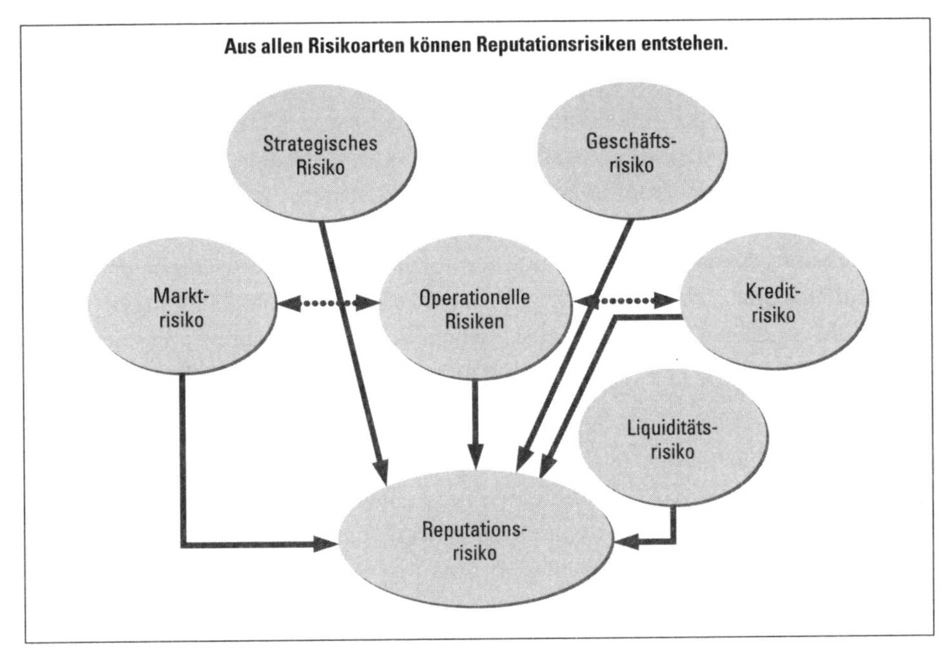

Abbildung 9: Reputationsrisiko als Folgerisiko

4. Schritte des Prozesses zum Management Operationeller Risiken

Der Prozess des Managements Operationeller Risiken basiert strukturell auf den gleichen Schritten wie im Falle von Markt- und Kreditrisiken. Besonderheiten der Operationellen Risiken, vor allem die Tatsache, dass sie nicht auf bestimmte organisatorische Einheiten konzentriert werden können, wie zum Beispiel Marktrisiko im Handelsbereich oder Aktiv-Passiv-Management, sowie ihre durch die Definition bedingte Verbreitung über das gesamte Unternehmen und zuletzt die Heterogenität des Spektrums der Einzelrisiken, führen aber dazu, dass die konkrete Ausgestaltung der einzelnen Schritte des Managementprozesses von dem entsprechenden Vorgehen bei Markt- und Kreditrisiken zum Teil erheblich abweichen kann.

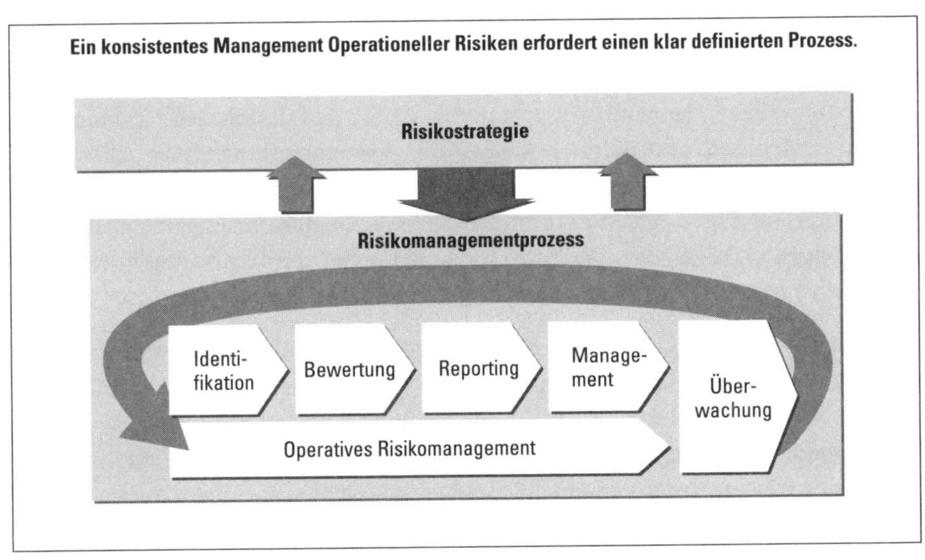

Abbildung 10: Prozess zum Management Operationeller Risiken

4.1 Identifikation

Der Prozessschritt Identifikation Operationeller Risiken verfolgt das Ziel der Entdeckung und Erhebung aller für das Risikomanagement relevanten Informationen. Dies umfasst zwar insbesondere eingetretene Verluste aus Operationellen Risiken, ist darauf aber nicht beschränkt. Weitere wesentliche Objekte sind die Erkennung von Beinaheverlusten und Risikopotenzialen sowie von im Bezug zum Risiko indirekten Informationen wie Indikatoren. Abhängig von der Art der jeweiligen Informationen können oder müssen diese auf unterschiedliche Art ermittelt werden.

4.1.1 Verlustdaten

Längere Zeit bestand hier die Vermutung, die relevanten historischen Verlustinformationen wären, wenn auch verteilt, so doch aber weitestgehend in vorhandenen IT-Systemen einer Bank abgelegt und könnten im Idealfall aus bestehenden Datenbanken des Rechnungswesens, der Revision oder des Qualitätsmanagements extrahiert werden. Hier hat sich gezeigt, dass diese Datenbanken, wenn sie existieren, von unterschiedlicher Qualität sind, in aller Regel keinen Abgleich untereinander zulassen, und insgesamt mit einer völlig anderen Zwecken dienenden Zielsetzung konzipiert und gepflegt werden. Erfahrungsgemäß erfüllt daher keine dieser Datenbanken die Anforderungen an die Identifizierung von Verlusten aus Operationellen Risiken in umfassender Weise. Der aufgrund der Definition Operationeller Risiken erforderliche Datenumfang geht zumeist über den definierten Umfang einer Revisionsdatenbank hinaus, im Kontensystem werden Informationen erfasst, die ausschließlich nach Kriterien des jeweiligen Rechnungslegungsregimes zusammengetragen und im Kontext eingeordnet werden. Qualitätsmanagementdatenbanken hingegen erfassen einen Teilaspekt Operationeller Risiken, wobei notwendige quantitative Informationen nur eine untergeordnete Rolle spielen.

Mittelfristig verspricht daher nur die Implementierung einer eigenständigen Datenbank für Operationelle Risiken mit einem zugrundeliegenden Identifikationsprozess den erforderlichen inhaltlichen Umfang. Die notwendige weitgehende Vollständigkeit kann dabei aufgrund der Abhängigkeit von primär manueller Identifikation und Erfassung nur über Schulung, das adäquate Setzen von Anreizen und den Abgleich mit anderen Informationskomponenten erzeugt werden. Da die meisten dieser Elemente einen nicht unerheblichen Lernprozess bei den Mitarbeitern voraussetzen, müssen in der ersten Implementierungsphase Abstriche an der Qualität gemacht werden. Da zudem die vorhandene Subjektivität in der manuellen Identifikation sowie die menschliche Neigung, insbesondere bei eigener Verantwortung asymmetrisch eher positive als negative Informationen zu erfassen, nie gänzlich eliminiert werden kann, wird eine absolut vollständige Erfassung auf diesem Wege auch langfristig nicht erreichbar sein (siehe Abschnitt 5.3.1). Ungeachtet dessen bleibt die Zielsetzung, über verbesserte Möglichkeiten in der Datenidentifikation- und -extraktion in bestehenden oder neu zu implementierenden, auch heterogenen IT-Systemen, objektive Daten weitgehend ohne manuelle Einflüsse oder Medienbrüche zu generieren.

Eine Sonderstellung nehmen in diesem Zusammenhang externe Daten ein. Sie können aus drei Quellen stammen: aus eigener Recherche, von kommerziellen Anbietern oder aus der Beteiligung an Datenkonsortien. Ein Identifikationsaufwand entsteht dabei nur im Fall eigener Recherche, in den beiden anderen Fällen werden die Daten in einer definierten Struktur von außen zur Verfügung gestellt. Die für interne Verlustdaten geschilderten Probleme existieren konsequenterweise analog für externe Verlustdaten (siehe Abschnitt 5.3.2), entziehen sich aber weitgehend dem Einfluss des Informationsbeziehers.

4.1.2 Beinaheverluste und Risikopotenziale

In der Natur von Beinaheverlusten und Risikopotenzialen liegt aufgrund ihres zumindest bisherigen Nichteintretens die Unmöglichkeit ihrer direkten Beobachtbarkeit. Beobachtbar sind lediglich die vorhandenen Elemente des Unternehmens, insbesondere die vorhandene Infrastruktur und die Prozesse der Leistungserstellung. Diese können allerdings abhängig vom konkreten Objekt der Beobachtung fallweise, regelmäßig oder permanent einer Analyse hinsichtlich ihrer Risikopotenziale unterzogen werden. Um das Management Operationeller Risiken adäquat zu unterstützen, ist auch hier eine definierte Qualität und Konstanz in Umfang und Vorgehensweise notwendig. Diese Vorgehensweise findet insbesondere in Risk Self Assessments und in Szenarioanalysen Verwendung (siehe Abschnitt 5.4).

Beinaheverluste können ggf. einfacher ermittelt werden, falls abhängig von der konkreten Ausgestaltung eines Prozesses aufgetretene Fehler identifiziert werden, die aufgrund interner Kontrollmechanismen eliminiert oder begrenzt werden. Bei beiden Informationstypen ist die Identifikation aber mit hoher Subjektivität durch die jeweils Einschätzenden verbunden.

Eine Sonderrolle spielen Gewinne aus Operationellen Risiken, die beispielsweise auftreten, wenn aufgrund positiver Marktentwicklungen aus irrtümlich gekauften Wertpapieren Kurssteigerungen resultieren. Diese stellen zumindest Beispiele für Schwachstellen dar und sollten somit wenigstens qualitativ berücksichtigt werden.

4.1.3 Indikatoren

Indikatoren liefern nur indirekt Informationen über Verluste aus Operationellen Risiken, sie stellen vielmehr einen Proxy dar. Aufgrund eines vermuteten Zusammenhangs zwischen einem oder mehreren Indikatoren und möglichen oder tatsächlichen Verlusten wird eine Aussage über die Veränderung bzw. das Eintreten dieser Verluste hergeleitet. Sie zeigen damit indirekt und approximativ Risiken auf.

Grundproblem aller Indikatoren ist der zuerst nur zu vermutende Zusammenhang zwischen ihrer Veränderung und der Veränderung des Niveaus der Operationellen Risiken. Er kann nicht immer direkt abgeleitet werden, auch wenn er vordergründig plausibel erscheint. So treten Verluste aus Operationellen Risiken durch Fehlbearbeitung erwartungsgemäß bei zu hoher Belastung auf, können aber teilweise auch beobachtet werden, wenn die Belastung unter eine Schwelle fällt und Konzentration und Fokussierung durch diese zu geringe Belastung nachlassen. Auch kann sich Risiko in einer verringerten „Performance" genauso zeigen wie in einem vermeintlichen „Risk Indicator".

Indikatoren unterliegen in ihrer Ermittlung einer relativ geringen Subjektivität und Willkür, da sie einfach ermittel- und nachprüfbar sind, ihr Nachteil allerdings bleibt die zuerst unsichere Relation zum Risikoeintritt und seiner Höhe. Diese kann, wenn überhaupt, erst über den Aufbau einer längerfristigen Datenreihe und den Abgleich zu Verlustdaten empirisch belegt werden.

Alle drei wesentlichen Informationstypen über Operationelle Risiken weisen also unterschiedliche Charakteristika hinsichtlich ihres Nutzens für das Management Operationeller Risiken auf. Die originär interessante Information über eingetretene Verluste unterliegt dem Problem des grundsätzlichen Identifizierens sowie einer gewissen generellen Willkür, zudem ist sie vergangenheitsbezogen.

Risikopotenziale und Beinaheverluste weisen ein hohes Maß an Subjektivität auf, dafür aber auch die gewünschte Zukunftsorientierung. Indikatoren sind weitgehend objektiv ermittelbar, allerdings muss sich ein Zusammenhang zum Risiko erst über einen längeren Zeitraum erweisen.

Zwar ist in jedem Fall eine Verbesserung der Informationsqualität über die Verbreiterung der Informationsbasis, Lernprozesse in der Identifikation und über die Aussagekraft aller Informationsquellen zu erwarten. Aber auch mittelfristig werden die immanenten Mängel bestehen bleiben. Im Bestreben um möglichst aussagekräftige Informationen sind die vorhandenen Mängel also in den nachfolgenden Prozessschritten entsprechend zu berücksichtigen und durch Kombination der verfügbaren Quellen ihre individuellen Schwächen zu reduzieren. Daraus folgt die Notwendigkeit einer methodenübergreifenden Struktur (siehe hierzu auch Abschnitt 5.2).

4.2 Bewertung

Der Wert eines Gegenstandes oder generell eines Besitzes – oder dem Bereich der Finanzrisiken näher: einer Position oder eines Vertragsverhältnisses – kann auch als sein Preis verstanden werden. Damit ist Bewertung in diesem Zusammenhang das gleiche wie Bepreisung. Allgemein kann daher unter Bewertung die Einschätzung über den Preis eines Sachverhalts verstanden werden. Sie kann dabei zu einfachen, relativen Tendenzaussagen wie „hoch/niedrig" führen oder stärker quantitativ eine Kennzahl ergeben, die direkt eine Einheit Risiko widerspiegelt (Value-at-Risk (VaR) und ähnliche).

Als Ziel jeder Bewertung für Managementzwecke ist die Ableitung von Informationen zur Unterstützung zukünftiger Managemententscheidungen zu sehen. Konkretisierend auf das Risikomanagement geht es in diesem Prozessschritt um die Ermittlung des Wertes oder Preises eines Risikos oder einer Risikoposition. Ohne dieses Ziel bleibt die Identifikation im wahrsten Sinne wertlos. Die Sammlung jeglicher Informationen, insbesondere die vergangenheitsbezogener Daten, hat in diesem Zusammenhang nur Sinn, wenn aus ihnen Schlüsse über zukünftige Entwicklungen gezogen werden können. Welche konkreten Zielgrößen zur Steuerung verwendet und welche Verfahren zu ihrer Bewertung angewandt werden, kann dabei nach Steuerungsobjekt, Zeitbezug und Informationsqualität erheblich differieren.

Vergleichsweise einfach ist die Anwendung des Konzepts der Ermittlung eines Wertes oder Preises im Bereich von Markt- oder Kreditrisiko. Hier können Gegenwarts- oder Barwerte einer Marktrisikoposition oder eines Kreditvertrages unter Berücksichtigung von preisrelevanten Informationen (über Markt- oder Bonitätsveränderungen) zumindest konzeptionell relativ einfach ermittelt werden und aus dem potenziellen Wertverlust auf das Risiko geschlossen werden.

Die Übertragung dieses Konzepts auf den Bereich der Operationellen Risiken gestaltet sich abhängig von der gewählten Zielgröße teilweise schwieriger, da hier Werte oder Preise von Risikopositionen zu ermitteln sind, die aus der Gestaltung eines Prozesses, der Arbeitsqualität von Mitarbeitern oder der Funktionsfähigkeit von IT-Systemen resultieren. Diese sind selten handelbar, Marktpreise stehen daher nur in Ausnahmefällen zur Verfügung und sind oft kurzfristigen Veränderungen unterworfen, was die Anlehnung an Erfahrungs- oder Vergangenheitswerte erschwert. Häufig ist eine Preisfindung daher auch von subjektiven Einschätzungen abhängig, was die allgemeine Akzeptanz eines Wertes oder Preises erschwert und damit zu unterschiedlichen Einschätzungen und Konsequenzen führen kann.

Dessen ungeachtet wird bereits seit langem in vielen Bereichen eine Bewertung Operationeller Risiken vorgenommen, ohne dass dies explizit immer als ein solcher Prozessschritt verstanden wird. Übergeordnete Zielsetzung ist in jedem Fall eine qualitative und/oder quantitative Einschätzung von Häufigkeit und Auswirkung des Eintretens einzelner Ereignisse Operationeller Risiken.

4.2.1 Indikatoren

Für kurzfristige Steuerungszwecke auf Mikroebene können bereits einfache Indikatoren relevante „Preise" liefern. Die Bewertung erfolgt dann häufig relativ und implizit durch die Definition von Schwellwerten, deren Über- oder Unterschreiten Warnsignale auslösen und somit Maßnahmen nach sich ziehen. Resultate sind zumeist Aussagen der Form „zu hoch/zu niedrig", was im Bereich von Fehlerquoten oder Datendurchsatz zu sinnvollen Managementinformationen auf der gewählten Betrachtungsebene führt.

Kaum möglich ist hierbei allerdings ein Vergleich zu wenig ähnlichen Prozessen oder die Aggregation verschiedener Indikatoren zu einem Wert, beispielsweise über Unternehmensbereiche hinweg. Während Aussagen wie „grundsätzlich zu hohe Stornoquote" möglich sind, ist der Wert oder Preis des prozessimmanenten Risikos auf einer höheren Ebene kaum ermittelbar, da der direkte Zusammenhang zu einem konkreten Verlust nur in wenigen Fällen besteht. Während der grundsätzliche Zusammenhang von hoher Mitarbeiterfluktuation, Arbeitsqualität und damit in der Konsequenz Ertrag unbestritten ist, kann kaum eine konkrete Bewertung erfolgen. Die für das Risikomanagement interessante Aussage über den konkreten Preis einer veränderten Fluktuation und damit eine Kosten/Nutzen-Analyse von entsprechenden personalpolitischen Maßnahmen kann mit Indikatoren nicht unterstützt werden.

Ebenso ist es kaum möglich, eine Managemententscheidung zur grundlegenden Veränderung des Prozesses, der Neuinvestition in bessere Systeme oder der Erhöhung der Mitarbeiterkapazitäten auf Basis von Indikatoren zu treffen. Ihre Dimension lässt keine Preisaussagen zu, die zum Beispiel direkt in eine Investitionsentscheidung eingehen könnten.

Besteht aber Konsens hinsichtlich der grundsätzlichen Tendenzaussagen von Indikatoren, so ist ihr großer Vorteil die vergleichsweise einfache und objektive Ermittlung.

4.2.2 Historische Verlustdaten

Historische Verlustdaten können bereits durch einfache Aggregation ohne komplexe Modellierung eine im Vergleich zu Indikatoren verbesserte Entscheidungsunterstützung bieten. Ihre Ausprägung selbst reflektiert einen Wert oder Preis, wenn auch mit der Einschränkung, dass er vergangenheitsbezogen ist.

In jedem Fall ist für die für Managementzwecke relevante Entscheidungsfindung eine klare Definition der für die Bewertung relevanten Verlustkomponenten wesentlich. Die Einbeziehung unterschiedlicher Kostenelemente bis hin zur Berücksichtigung indirekter Kosten, die Relevanz älterer Datenpunkte oder Daten aus nicht mehr zum Geschäft gehörenden Organisationseinheiten oder veränderten Prozessen sind in ihrer Verwendung für die Bewertung zu klären.

Die Bewertung kann in ihren einfachen Ausprägungen über Soll-Ist-Vergleiche, Vergleiche gleichartiger Bereiche oder Zeitvergleiche erfolgen. Die Ergebnisse solcher Bewertungen Operationeller Verluste sind auch hier primär Relationen der Form, dass entstandene Kosten als vertretbar oder zu hoch, allerdings seltener als zu niedrig betrachtet werden. Ihr Vorteil liegt darin, dass sie direkt als Basis für zukünftige Managemententscheidungen benutzt werden können, da ihre Ausprägung bereits die richtige Form aufweist.

Ihre Eignung bleibt aber aus zwei wesentlichen Gründen eingeschränkt. Zum einen liegt es in der Natur aufgetretener Verluste aus Operationellen Risiken, dass sie eben historisch, also vergangenheitsbezogen sind, die Wiederholung der sie hervorrufenden Ereignisse in Wahrscheinlichkeit und Höhe daher unsicher sein kann. Ein Beispiel kann ein nach Ereigniseintritt grundlegend veränderter Prozess sein. Die Relevanz des eingetretenen Verlustes ist in einem solchen Falle signifikant geringer, als wenn keine Veränderung der Rahmenbedingungen vorliegen würde.

Zum anderen besteht in ihrer Zuordnung bzw. Abgrenzung nicht selten Unsicherheit, was zu einer nicht vollständigen Erfassung oder dem Gegenteil einer überzogenen Bewertung aller relevanten Aspekte führen kann. Beispiele hierfür können verspätete Überweisungen aufgrund eines Softwarefehlers sein. Während beim entstandenen Zinsschaden zumeist eine klare Bewertung der Höhe vorgenommen werden kann, ist die Frage von Höhe und Zuordnung der Kosten der Fehlerbehebung, gegebenenfalls unter Einbeziehung externer IT-Ressourcen, erheblich schwieriger. Auch kann das Eintreten glücklicher Umstände einen Schaden reduzieren, ohne dass besondere Managementfähigkeiten eine Rolle gespielt hätten.

4.2.3 Szenarioanalysen, Risk Assessments und Beinaheverluste

Zur Durchführung von Kosten-Nutzenanalysen bei Versicherungsprogrammen oder Maßnahmen zur Betriebsaufrechterhaltung in Katastrophenfällen kommen zunehmend Bewertungsformen wie Szenarioanalysen zur Anwendung. Sie versuchen in teilweise komplexen Konstellationen die Wirkung gravierender Ereignisse auf ein Unternehmen oder Teilbereiche desselben zu ermitteln. Häufig liegen spezifische Problemstellungen wie Ausfall des Rechenzentrums, Nichtverfügbarkeit von Gebäuden oder ähnlich weitreichende Annahmen zu Grunde. In der Szenarioanalyse wird versucht, alle relevanten Aspekte zu identifizieren und unter verschiedenen Annahmen (best case, worst case, most likely) zu bewerten. Die Bewertung dieser Risikopotenziale ist stark subjektiv, da sie sich nicht oder nur teilweise direkt auf konkrete Verlustdaten, sondern eher auf Expertenschätzungen stützt. Aufgrund der teilweise erheblichen Komplexität und der Vielzahl zugrunde liegender Annahmen sind dabei klare Bewertungsregeln erforderlich, um konsistente und reproduzierbare Ergebnisse zu erzeugen.

Risikopotenzialeinschätzungen können auch in kleinerem Rahmen durchgeführt werden. Dabei kann der Betrachtungsgegenstand ein Prozess, Produkt oder eine begrenzte Lokation sein. Auch schreibt ihre Struktur nicht zwingend verschiedene Szenarien vor.

Abhängig von den bewertenden Personen kann bei Szenarioanalysen und Potenzialeinschätzungen von Self Assessments gesprochen werden. Andere Begriffe wie Risk Assessment oder Kombinationen dieser Begriffe existieren ebenfalls. Auch wenn keine Normen für Risk Assessments bestehen, versteht man darunter zunehmend eine vereinfachte, stark strukturierte Form von Szenarioanalysen. In der Regel wird eine Struktur vorgegeben, die sich an Risikokategorien, Prozessen und Organisationseinheiten orientiert. Zur Erleichterung der Bewertung sind häufig Bewertungsraster vordefiniert, die eine gewisse Einheitlichkeit der Bewertungsmaßstäbe auch dann sicherzustellen versuchen, wenn die Bewertung unabhängig von verschiedenen Personen und für verschiedene Betrachtungsobjekte vorgenommen werden soll. Ziel ist hier neben der bereichs- oder abteilungsindividuellen Risikobewertung der Vergleich verschiedener Organisationseinheiten und gegebenenfalls auch eine Aggregation dieser Ergebnisse.

Eine Sonderform in der Bewertung nehmen Beinaheverluste ein. Sie könnten aufgrund ihres Informationscharakters auch unter Verlustdaten behandelt werden. Allerdings weisen sie einen erheblichen Unterschied zu diesen auf – den nicht eingetretenen Verlust. Die Bewertung solcher Ereignisse ist daher ähnlich der von Verlustpotenzialen oder Szenarioanalysen. Im Vordergrund der Bewertung steht die Ermittlung eines fiktiven, da in der Gegenwart nicht messbaren Verlustes oder Preises des Ereignisses.

Aufgrund der völlig heterogenen Natur möglicher Beinaheverluste existieren konsequenterweise keine allgemeinen Bewertungsregeln. In der einfachsten Form werden die Vorfälle, soweit überhaupt erfasst, gezählt. Ihre bloße Identifikation kann als Anlass zur Veränderung von Prozessschritten oder ähnlichem genutzt werden.

Eine weiterführende Bewertung von Beinaheverlusten entspricht in ihrem Vorgehen der Risikopotenzialanalyse oder, im Falle sehr komplexer Vorgänge, einer Szenarioanalyse. Wie bei den beiden anderen Bewertungsverfahren sind klare Regeln im Bewertungsprozess notwendig, weil sonst nur eine geringe Akzeptanz der Ergebnisse erreicht werden kann. So kann in einem extremen Beispiel ein steckengebliebener Aufzug zu erheblichen Verlusten aufgrund eines nicht zeitgerecht abgeschlossenen Geschäfts führen. Grundsätzlich aber die Zeit aller steckengebliebenen Aufzüge mit diesem Wert zu belegen, dürfte jedoch kaum zu rechtfertigen sein.

Die Ergebnisse all dieser eher subjektiven Bewertungsmethoden werden ähnlich der einfachen Aggregation von Verlustdaten primär Vergleichszwecken dienen. So kann die Summierung von Selbstbehalten bei Versicherungsschäden und gezahlten Prämien im Vergleich zu den erhaltenen Erstattungen entscheidungsrelevante Informationen über die Fortführung und zukünftige Ausgestaltung von Versicherungsprogrammen bieten. Gegenüber der Betrachtung von historischen Verlusten hat diese Bewertungsform den Vorteil, dass explizit Annahmen über Entwicklungen in der Zukunft gemacht werden. Managemententscheidungen auch von größerer Tragweite können daher – wie teilweise bei strategischen Entscheidungen üblich – auf Szenarioanalysen basieren, da sie weitreichende und komplexe Sachverhalte unter dynamischen Umweltbedingungen zu bewerten versuchen. Ihre Schwäche liegt in der Subjektivität der Einschätzung durch Experten, die zumeist von der konkreten und aktuellen Verlusterfahrung der Betreffenden geprägt sein dürfte. So war das Szenario eines Flugzeugabsturzes in ein Gebäude sicher immer denkbar und lag auch in der Vergangenheit bereits entsprechenden Analysen im

Bereich der Reaktorsicherheit zu Grunde, allerdings wird die Wahrscheinlichkeit und Relevanz für andere Bauwerke vor dem 11.09.2001 als eher gering angenommen worden sein. Ähnlich hat das Auftreten von Infektionskrankheiten wie SARS dem Szenario eines ohne Vorwarnung nicht mehr betretbaren Gebäudes, eine höhere Wahrscheinlichkeit und Relevanz verschafft. Auch sind Szenarioanalysen aufgrund der zeitaufwendigen Durchführung nicht für alle Bereiche des Managements Operationeller Risiken geeignet.

4.2.4 Quantifizierung

Wie im Markt- und Kreditrisiko wird als aussagekräftigste Bewertungsmethode für die Zwecke des Risikomanagements die Ermittlung eines Value at Risk (VaR) für Operationelle Risiken angesehen. Dieser gibt den Verlustbetrag in Euro an, der in einem vorgegebenen Zeitraum (üblicherweise ein Jahr) mit einer vorgegebenen Wahrscheinlichkeit (zum Beispiel 99,9 Prozent) nicht überschritten wird.

Auch hier können relativierende Bewertungsaussagen gemacht werden. Eigentliches Ziel ist aber die absolute Bepreisung des eingegangenen Risikos. Das Ergebnis soll eine direkte Aussage über den Wert oder Preis des bestehenden Operationellen Risikos für eine betrachtete Einheit sein. Daraus kann dann ein Verzinsungsanspruch im Rahmen einer risiko-ertragsorientierten Gesamtbanksteuerung ermittelt oder Aussagen über die Höhe in Relation zur Risikotragfähigkeit gemacht werden. Auf Basis dieser Information können Managemententscheidungen über Reduktion, Beibehaltung oder Erhöhung des Risikos getroffen werden.

Da die Ermittlung eines VaR je nach Ausgestaltung des jeweiligen Modells auf einigen oder allen bereits dargestellten Bewertungsverfahren basieren kann, sind die dort gemachten Aussagen hinsichtlich ihrer Einschränkungen auch hier relevant. Die Verknüpfung dieser verschiedenen Bewertungsverfahren in Verbindung mit fortgeschrittenen statistischen Methoden versucht allerdings, die individuellen Stärken zu nutzen, ohne die getroffene Aussage in zu starkem Maße durch die jeweiligen Schwächen beeinträchtigt zu sehen.

Während also bei der Ermittlung eines VaR die Dimension des resultierenden Wertes sowie der explizite Zukunftsbezug genau der Zielsetzung entspricht, ist die Komplexität der Methode erheblich höher als die der anderen Verfahren. Aufgrund der Datenanforderungen ist ihr Einsatz daher eher im Bereich der langfristig orientierten Kapitalallokation, als in der Entscheidungsunterstützung auf der Mikroebene eines Prozesses zu sehen.

4.3 Reporting

Das Reporting besteht aus den Prozesschritten Sammlung, Speicherung und Weitergabe von relevanten Informationen im Rahmen des Managementprozesses Operationeller Risiken. Zu definieren sind für alle Komponenten der Informationsumfang, die Reportingfrequenz sowie die Informationsgeber und -empfänger. Wünschenswert ist dabei ein weitgehend automatisierter und IT-gestützter Prozess mit unterschiedlichen Zugriffsrechten, der aber in der Realität der meisten Banken allenfalls in Teilbereichen verfügbar ist oder nicht mit vertretbarem Aufwand implementiert werden kann. Daher ist zudem pro Informationskomponente das jeweilige Informationsmedium, der Speicherort und Zugriffsrechte auf die teilweise sensiblen Informationen festzulegen.

Informationssammlung

Die Sammlung detaillierter Einzelinformationen umfasst alle relevanten Informationskomponenten wie interne und externe Verlustdaten, Indikatoren, Risk Assessment-Ergebnisse und die für Szenarioanalysen notwendigen Informationen. Da Operationelle Risiken in allen Bereichen einer Bank entstehen können, ist ein entsprechend umfassendes Reporting notwendig, das keine Bereiche ausschließt.

Da ein umfangreiches Reporting zu Zwecken des Risikomanagements bisher in vielen Banken nicht oder nur teilweise vorhanden ist, ist die Implementierung des vordergründig einfachen Prozesses aufwendig und wird mit Friktionen behaftet sein. Sie können durch die Nichtverfügbarkeit der teilweise erstmalig zu erhebenden Informationen bedingt sein, durch fehlende Kapazitäten behindert werden oder aufgrund historisch bedingter Reserviertheit gegenüber der Weitergabe sensibler Daten an andere Bereiche nicht im gewünschten Umfang erfolgen (siehe Abschnitt 5.3.1).

Erfahrungswerte in verschiedenen Banken haben gezeigt, dass beispielsweise für die Implementierung eines umfänglichen Verlustdatensammlungsprozesses ein Zeitraum von zwei Jahren nicht unrealistisch ist. Die Dauer hängt dabei vom Auftreten der oben genannten Probleme ab, wesentlich ist hier die Unterstützung durch Vorstand und Führungskräfte.

Reportingumfang und Struktur

Vorbedingung für das Reporting ist ein klar definierter und implementierter Prozessschritt der Identifikation. Auf dieser unabdingbaren Basis wird der genaue Reportingumfang festgelegt. So kann beispielsweise der festgelegte Informationsumfang bei Verlustdaten neben den aus Banksicht zwingenden Informationen bereichsspezifische Elemente beinhalten, die nicht Bestandteil des bankweiten Reportings sind, sondern im Bereich verbleiben.

Aus Sicht des bankweiten Risikoreportings ist eine einheitliche Struktur über alle Bereiche, soweit möglich auch über die unterschiedlichen Inhalte der Informationskomponenten hinweg, zielführend. Sie ermöglicht erst die angestrebte Aufbereitung der Daten aus der Perspektive der Gesamtbank (siehe Abschnitt 5.2).

Reportingfrequenz

Die Reportingfrequenz legt die Häufigkeit der durchzuführenden Meldungen fest. So kann bei Verlustdaten ein wöchentliches Reporting aller auftretenden Ereignisse definiert sein. Im Bereich der inhaltlich sehr heterogenen Indikatoren hängt die Frequenz stark vom jeweiligen Indikator ab. Insbesondere in Prozessen mit hohem Datendurchsatz kann eine permanente oder tägliche Ermittlung geboten sein, viele Indikatoren sind aber kaum häufiger als monatlich, einige nur auf Jahresbasis sinnvoll ermittelbar. Aufgrund der Komplexität bei Szenarioanalysen und VaR-Ermittlungen werden diese, von Sonderfällen abgesehen, kaum häufiger als halbjährlich oder jährlich durchgeführt und entsprechend berichtet werden.

Zusätzlich zum beschriebenen regelmäßigen Reportingprozess sind Regelungen für ein ad hoc-Berichtswesen bei Eintreten besonderer Risikosituationen erforderlich. Hier werden Ereignisse beziehungsweise Größenordnungen definiert, bei denen von der sonst geltenden Frequenz abweichend, unmittelbar Informationen an Reportingempfänger, zumeist das Senior Management, weiterzugeben sind.

Unterschiede in der Frequenz bestehen zudem häufig für Identifikation und Berichterstattung. Mit Ausnahme der ad hoc-Berichterstattung werden Daten zuerst gesammelt und aggregiert werden, bevor sie, gegebenenfalls kommentiert, an die empfangenden Stellen weitergegeben werden.

Aufgaben und Verantwortlichkeiten

Erst eine klare Festlegung der im Prozess bestehenden Aufgaben und Verantwortlichkeiten stellt ein funktionierendes Reporting über alle Hierarchieebenen und Bereiche einer Bank sicher. Neben der groben Trennung nach Informationsgebern und -empfängern ist eine weitere Differenzierung dieser Rollen sinnvoll. So werden in den wenigsten Fällen die Erfasser von Verlustdaten mit den Verantwortlichen für deren Weitergabe an ein zentrales Risikocontrolling identisch sein.

In diesem Prozess kann abhängig von der Größe der jeweiligen Einheiten und des gesamten Unternehmens eine Differenzierung in Verlustdatenerfassung bzw. -meldung, Qualitätskontrolle und Datenfreigabe innerhalb eines Bereiches implementiert werden. Innerhalb des zentralen Risikocontrollings sind Prozessschritte zur weiteren Qualitäts- oder Plausibilitätskontrolle, der entsprechenden Informationsverdichtung und der Weitergabe an die verschiedenen Informationsempfänger zu etablieren.

Auf Seiten der Berichtsempfänger sind entsprechende Verantwortlichkeiten für die Umsetzung der erhaltenen Informationen festzulegen. Dabei ist nach Art und Umfang zu differenzieren. Ein regelmäßiger monatlicher Verlustdatenbericht an ein Risikokomitee ohne besondere Ereignisse wird eine andere Behandlung erfahren als ein ad hoc-Report über eine aufgedeckte Unterschlagung (siehe die Abschnitte 5.2 und 5.3.1).

Externe Informationsempfänger
Das Reporting an externe Berichtsempfänger, insbesondere Bankenaufsicht, Wirtschaftsprüfer und Ratingagenturen, gewinnt zunehmend an Bedeutung. Die Anforderungen sind dabei naturgemäß heterogen und in ihren Ausprägungen nicht immer detailliert definiert. Fest steht, dass mit der Umsetzung von Basel II über die dritte Säule (Offenlegung) die externe Berichterstattung für Operationelle Risiken eine neue Qualität bekommen wird. Sind relevante Informationen bisher häufig nur rudimentär und eher unfreiwillig als Presseberichte über aufgetretene Verlustereignisse kommuniziert worden, so wird der proaktiven systematischen Kommunikation eine größere Rolle zuwachsen.

Ein heute bereits bestehender Kommunikationskanal ist der Risikobericht im Rahmen des Jahresabschlussberichts. Im Deutschen Rechnungslegungsstandard DRS 5–10 sind entsprechende Regelungen auch für die Operationellen Risiken enthalten, die die Banken dazu verpflichten, ihre Risikosituation entsprechend darzustellen. Bereits ein einfacher Vergleich der verfügbaren Berichte verschiedener Banken zeigt, dass dieses Medium in sehr unterschiedlicher Weise genutzt wird. Ein Trend zur Vereinheitlichung, zumindest hinsichtlich eines Mindestinformationsgehalts ist wünschenswert, da sonst auf dieser Basis kaum relevante Aussagen über die Operationellen Risiken und den Stand der Umsetzung des Managements gemacht werden können. Neben der Bankenaufsicht werden hier auch die Wirtschaftsprüfer mit wachsendem Wissen über die komplexe Materie höhere Maßstäbe anlegen.

Eine besondere Rolle nimmt die Berichterstattung an Ratingagenturen ein. In wenigen Bereichen ist die positive Abweichung zwischen zwingend zu liefernder Information und dem, was tatsächlich kommuniziert wird, so groß. Es ist grundsätzlich zu begrüßen, dass das Rating einer Bank zukünftig auch unter Berücksichtigung der Operationellen Risiken des Hauses bewertet wird. Trotzdem zeigt die momentan beobachtbare Vorgehensweise einiger Agenturen ein noch nicht vollständig ausgereiftes Verständnis der Materie. Auch hier wird eine bessere Strukturierung der Informationsanforderungen zu einem verbesserten Einblick in die tatsächliche Risikosituation einer Bank beitragen.

Während für die regelmäßige Kommunikation mit der Bankenaufsicht historisch das Meldewesen verantwortlich war, lässt sich die externe Kommunikation zukünftig nicht hierauf beschränken. Sowohl Regulatoren als auch Wirtschaftsprüfer werden sich zukünftig innerhalb der Organisation vom Implementierungsgrad und Funktionsumfang des Managements Operationeller Risiken überzeugen. Von Ratingagenturen kann zumindest ein vergleichbar großer Informationsbedarf angenommen werden. Über das klassische Reporting hinaus wird daher zukünftig eine umfassende externe Kommunikation über Operationelle Risiken etabliert werden müssen.

Informationsspeicherung
Wie bereits beschrieben, existieren heute in den wenigsten Fällen automatisierte Prozesse zur Datensammlung. Entsprechend ist die Speicherung der Informationen und ihre Weitergabe unter Berücksichtigung der bestehenden Medienbrüche zu organisieren. Im Idealfall existiert zumindest auf der Ebene eines zentralen Risikocontrollings eine Datenbank, die alle relevanten Informationskomponenten zentral aufnimmt und die Generierung von Reports für die verschiedenen Zwecke und Empfänger ermöglicht. Auf welcher technischen Basis dies umgesetzt wird, hängt vornehmlich von den fachlichen Anforderungen der Bank ab. Grundsätzlich können die meisten Aufgaben mit Hilfe von zumeist vorhandener PC-Software durchgeführt werden. Allerdings unterliegen solche Lösungen häufig Einschränkungen bei der Erfassung verteilter Daten, dem Automatisierungsgrad, der Administration von Zugriffsrechten und der IT-Sicherheit.

Flexibilität des Reportings
Aufgrund der beschriebenen Unterschiede in den Anforderungen der verschiedenen internen und externen Empfänger ist eine gewisse Flexibilität des Reportings unabdingbar. Mit zunehmendem Wissen um die Ausgestaltung des Managements Operationeller Risiken werden die Informationsanforderungen aller Beteiligten zudem weiter steigen. Die Möglichkeiten zur Erstellung spezifischer Berichte für unterschiedliche Empfänger, sowohl regelmäßig als auch ad hoc, werden zu einer stärkeren Nutzung der Informationen führen, und damit letztendlich dem Primärziel eines umfassenden Risikomanagements dienen.

4.4 Management

Das Management Operationeller Risiken im engeren Sinne entscheidet strategisch oder im Tagesgeschäft auf Basis der identifizierten, bewerteten und berichteten Risiken über den Umgang mit den einzelnen Risikosituationen. Grundlegende Entscheidungsalternativen sind hierbei die Akzeptierung der bestehenden Risiken, der Transfer an Dritte, die Risikovermeidung und die Risikoverminderung. Ergänzt werden diese Maßnahmenbündel durch Notfall- und Betriebsfortführungskonzepte, die darauf abzielen, im Falle des Eintretens signifikanter Risiken den Verlust zu begrenzen und die umgehende Fortführung des Geschäftsbetriebs sicherzustellen.

Unabhängig von der Managementebene kann jede Managementmaßnahme auf zwei Komponenten der Operationellen Risiken wirken: auf die Wahrscheinlichkeit eines Eintritts und auf die resultierende Auswirkung.

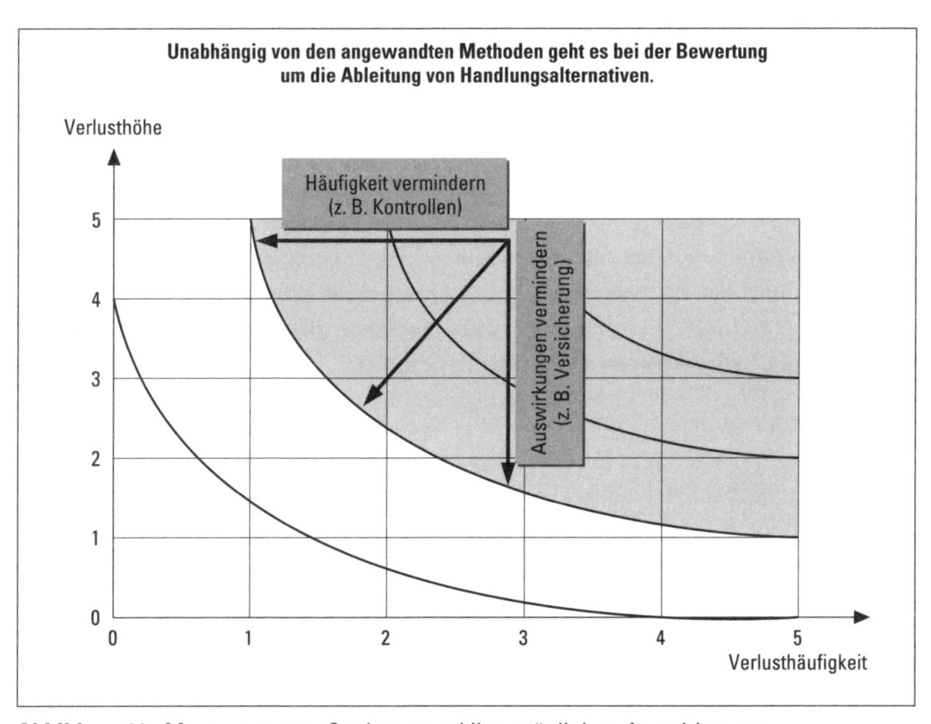

Abbildung 11: Managementmaßnahmen und ihre möglichen Auswirkungen

4.4.1 Ebenen des Risikomanagements

Jedes Risikomanagement findet auf verschiedenen (hierarchischen) Ebenen statt. Diese Struktur ist im Marktrisiko verhältnismäßig klar implementiert, bereits im Kreditrisiko ist dies schwieriger, für Operationelle Risiken erscheint sie auf den ersten Blick kaum umsetzbar.

Im Marktrisikomanagement besteht aufgrund der Vielzahl der handelbaren Produkte eine klare Einteilung in Risikokategorien (zum Beispiel Equity, Fixed Income, Foreign Exchange), die gegebenenfalls weiter in bestimmte Handelsbücher differenziert werden. Für das Management jedes Produkts kann im Extremfall ein Manager existieren, der das resultierende Risiko im Rahmen seiner Vorgaben (Limite) steuert. Auf einer über diesen Managern liegenden Ebene kann das resultierende Gesamtrisiko dann in Form eines oder mehrerer Portfolien nach übergeordneten Gesichtspunkten mit entsprechenden Instrumenten gesteuert werden. An der Spitze einer solchen Pyramide steht die aggregierte Marktrisikoposition einer Bank, deren Höhe und Struktur von der Geschäftsleitung in Form der Risikostrategie grundlegend bestimmt wird.

Im Kreditbereich wurde in den vergangenen Jahren eine vergleichbare Hierarchie etabliert. Auch hier kann eine Mikroebene der Krediteinzelfallentscheidung von einer übergeordneten Portfolioebene unterschieden werden. In den Portfolien erfolgt eine Zusammenfassung von Kreditengagements nach Regionen, Branchen oder Produkten. Unterstützt durch die Entwicklung von Kreditderivaten sind diese Portfolien mittlerweile handelbar. Ein Management ist daher sowohl auf der Mikroebene als auch auf Portfolioebene und über die Ausgliederung von Geschäftsbereichen auch für die Gesamtbank möglich.

Eine solche hierarchische Struktur dient dem Ziel eines guten Risikomanagements auf zwei Arten. Die Möglichkeit der Aggregation bedeutet zunächst, dass das verdichtete Gesamtbankziel auch wieder bis auf die Ebene einzelner Portfolien, Teilportfolien oder bis zu Einzeltransaktionen heruntergebrochen werden kann. So kann die Konformität mit den Gesamtbankzielen bei konsequenter Anwendung über alle Ebenen hinweg durch einen im Prinzip einheitlichen und konsistenten Ansatz sichergestellt werden. Zweitens stellt diese Struktur eine vollständige Erfassung aller Risikoaspekte sicher. Für ihr jeweiliges Management bestehen klare Verantwortlichkeiten auf den einzelnen Ebenen.

Im Bereich Operationeller Risiken ist eine solche Struktur verschiedener Hierarchiestufen im Management bisher kaum anzutreffen. Wesentlicher Grund dürfte das Fehlen eines Portfoliokonzeptes zur Aggregation verschiedener Einzelrisiken sein. Erst ein solcher Portfolioansatz ermöglicht das Management auf mehreren übergeordneten Ebenen. Tatsächlich ist eine Übertragung des Portfoliogedankens auch auf diese Risikoart zumindest in Grundzügen möglich und aufgrund seiner Zielsetzung der konformen Umsetzung der Gesamtbankrisikostrategie und der klaren Zuordnung von Managementverantwortung sinnvoll.

Abhängig vom Managementziel sind mindestens zwei Grobstrukturierungen für Portfolien denkbar: die Einteilung in separate Risikokategorien und die in Organisationseinheiten. In der Realität kommen beide vor und bestimmen damit das Management von Teilbereichen der Operationellen Risiken. Beispiele sind das autonome Management von Bereichen oder das zentrale Management durch IT, Personal oder Recht. Sinnvoll ist eine solche Einteilung aber nur, wenn sie auf den verschiedenen Ebenen ein jeweils zum Unternehmensziel konformes Management der vorhandenen Operationellen Risiken in bestmöglicher Form sicherstellt. Könnten die jeweiligen Risiken auf einer beliebigen anderen Ebene besser gesteuert werden, wäre das Prinzip nicht zielführend. Im Vergleich zu Markt- und Kreditrisiko erschwerend ist der Umstand, dass nur wenige Komponenten der Operationellen Risiken in aggregierter Form handelbar sind. Damit ermöglicht eine Aggregation auf höherer Ebene nicht zwingend ein besseres Management.

Obwohl also theoretisch wünschenswert, zeigt die Praxis, dass im Bereich der Operationellen Risiken selten ein Strukturprinzip konsequent umgesetzt ist. Bereits an den gewählten Beispielen wird deutlich, dass tatsächlich beide Prinzipien nebeneinander bestehen und nicht überschneidungsfrei gehandhabt werden.

Die einzelnen Risikokategorien können von einem Bereich nur begrenzt selbst gesteuert werden.

Risikokategorien / **Geschäftsbereich**	Interner Betrug	Externer Betrug	Beschäftigungspraxis und Arbeitsplatzsicherheit	Kunden, Produkte und Geschäftsgepflogenheiten	Sachschäden	Geschäftsunterbrechungen und Systemausfälle
Commercial Banking						

selbst gesteuert / gemeinsam mit Spezialbereich gesteuert

durch anderen Bereich gesteuert

Abbildung 12: Bereichsverantwortung im Management Operationeller Risiken

Ein Unternehmensbereich kann beispielsweise für das Management aller Komponenten der Operationellen Risiken verantwortlich sein mit Ausnahme der IT, des Personals oder der Vertragsabschlüsse. Offensichtlich ist aber auch, dass die Strukturen häufig zusätzlich dadurch komplexer werden, dass Bereiche sehr wohl unter bestimmten Rahmenbedingungen für Teilaspekte der IT, des Personals oder des Rechtsbereiches zuständig sein können. Häufig sind diese Strukturen „gewachsen" und damit auch nicht für alle Bereiche einheitlich.

Grundsätzlich erschwert das Fehlen eines verbindlichen Strukturprinzips damit das Management Operationeller Risiken. Je komplexer die tatsächlichen Strukturen, desto aufwendiger ist es, die vollständige Erfassung aller Risikokomponenten als Basis einer klaren Zuordnung von Managementverantwortung sicherzustellen. Das konforme Herunterbrechen eines Gesamtbankzieles ist so ebenfalls kaum möglich.

Zielsetzung eines guten Managements Operationeller Risiken ist daher eine Vereinfachung der bestehenden Managementstrukturen bis zu dem Punkt, ab dem zumindest eine klare, überschneidungsfreie, aber auch keine Lücken lassende Managementstruktur besteht. Parallel dazu muss ein Zielsystem erarbeitet werden, das ausgehend von einer Gesamtbankstrategie für die Operationellen Risiken ein Herunterbrechen auf die tatsächlichen Managementebenen gestattet. Aufgrund der beschriebenen Probleme wird dies absehbar nicht komfortabel in einer Zahl ausgedrückt werden können, sondern abhängig vom konkreten Steuerungsobjekt verschiedene Dimensionen aufweisen müssen. Umso höher sind die Anforderungen an eine zentrale Einheit, die mit der Umsetzung und Erfüllung dieser Zielsetzung betraut ist.

4.4.2 Grundlegende Strategien des Risikomanagements

Beim Management Operationeller Risiken werden häufig verschiedene, als grundlegend bezeichnete Strategien definiert. Gängig ist eine Einteilung in vier Strategien, die teilweise auch in Form einer Matrix dargestellt werden:

- akzeptieren,
- vermindern,
- vermeiden und
- transferieren.

Diese Grundstrategien sind nicht spezifisch für Operationelle Risiken, sie können grundsätzlich für alle Bereiche des Risikomanagements angewendet werden. In der Matrixdarstellung werden sie häufig in Abhängigkeit von Auswirkung und Wahrscheinlichkeit eines Risikos dargestellt.

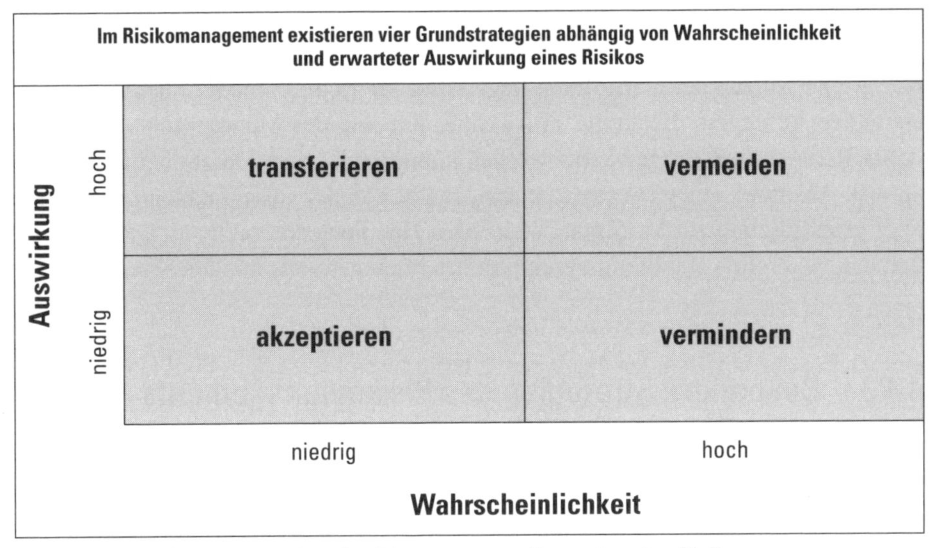

Abbildung 13: Grundstrategien des Managements Operationeller Risiken

In der Realität des täglichen Risikomanagements wird aber zu prüfen sein, wie sich Detailmaßnahmen tatsächlich auf die jeweilige Risikoposition auswirken. Dabei ist bei der Analyse einer Maßnahme in der Realität eine Unterscheidung ihrer Wirkung auf Auswirkung und Wahrscheinlichkeit vorzunehmen.

Auch sind diese Strategien keineswegs überschneidungsfrei. So können „akzeptieren“ und „vermeiden“ auch als extreme Ausprägungen der selben Strategie interpretiert werden, wobei „vermindern“ eine Position zwischen diesen Extremen einnimmt. Lediglich „transferieren“ weist eine gewisse Alleinstellung auf, da hier die Alternative angeboten wird, das ungewisse Eintreten eines Ereignisses gegen die sichere Zahlung einer (Versicherungs-) Prämie oder Gebühr für eine Outsourcingdienstleistung an Dritte zu übertragen. Allerdings können hierdurch neue Risiken infolge fehlerhafter Vertragsgestaltung und Abhängigkeit von Drittparteien entstehen.

Letztlich ist zu hinterfragen, ob es sich bei diesen Handlungsalternativen wirklich um Strategien handelt. Bei weitreichenden Maßnahmen mit signifikantem Einfluss auf das Risikopotenzial eines Finanzinstitutes, wie dem Outsourcing der IT oder dem Verkauf ganzer Geschäftsbereiche, kann sicher von Aktionen mit strategischer Bedeutung gesprochen werden, mithin auch von einer Risikomanagementstrategie. Da die gleichen Alternativen auch auf alle anderen Entscheidungsebenen angewandt werden können, ist dies aber nicht zwingend der Fall, vielmehr kann es sich um operative Maßnahmen im Rahmen des Risikomanagements des normalen Geschäfts handeln.

Der größte Nutzen der Darstellung liegt damit zweifelsfrei nicht in den pauschalisierenden Aussagen, die so nur auf wenige Aspekte des Managements Operationeller Risiken direkt angewendet werden können oder dem leicht überhöhten Anspruch, Ausdruck einer Strategie zu sein, sondern in der vereinfachten Darstellung aller grundsätzlich zur Verfügung stehenden Handlungsalternativen. Diese umreißen den generellen Handlungsspielraum des Managements in allen Situationen.

4.4.3 Besondere Strategien des Risikomanagements

Als besondere oder spezielle Strategien im Rahmen des Managements Operationeller Risiken werden spezifische Maßnahmen oder Maßnahmenbündel verstanden, die auf definierte, häufig aber die Mehrheit der Organisation betreffende Teilaspekte einer Risikokomponente fokussieren. Sie sind damit keine Ergänzung der oben beschriebenen grundlegenden Handlungsalternativen, sondern konkrete Ausprägungen derselben.

Prominente Beispiele sind:

- Notfallplanung (Disaster Recovery),
- Betriebsfortführungspläne (Business Continuity Planning) und
- Outsourcing.

Unabhängig von ihrer Umsetzung ist unstrittig, dass es sich hierbei um Managementmaßnahmen handelt, die überwiegend auf die Operationellen Risiken eines Finanzinstitutes wirken. Allerdings liegen diese Maßnahmenbündel bisher fast nie in der Verantwortung eines dezidierten Managements Operationeller Risiken, sondern werden im Bereich der Organisationsabteilung oder der IT, alternativ auch von speziellen Einheiten gesteuert.

Ursache hierfür dürfte der Umstand sein, dass die Disziplin eines dezidierten und konsistenten Managements Operationeller Risiken relativ neu ist, während die Beschäftigung mit diesen für die Aufrechterhaltung eines Betriebes wesentlichen Aspekten seit Jahren betrieben wird.

Wie in Abschnitt 5.1 detailliert ausgeführt, stellt ein einheitliches Strukturprinzip keinen Selbstzweck dar, erleichtert aber das vollständige und konsistente Management der Operationellen Risiken innerhalb der gesamten Organisation erheblich. Gleiches gilt entsprechend für solche Sonderfunktionen des Managements Operationeller Risiken. Unabhängig von ihrer organisatorischen Ansiedlung ist aus Sicht eines umfassenden und insbesondere eines guten Managements sicherzustellen, dass sie in enger Abstimmung mit dem zentralen wie dem dezentralen Management Operationeller Risiken erfolgen.

In diesem Abschnitt soll daher keine detaillierte Beschreibung dieser speziellen Disziplinen erfolgen, dies würde den durch die Zielsetzung des Buches gesteckten Rahmen sprengen. Im Vordergrund steht vielmehr die aus Sicht eines vollständigen Managements Operationeller Risiken notwendige Integration dieser speziellen Managementmaßnahmen in ein umfassendes Gesamtbild.

Outsourcing-Controlling

Ansätze dafür zeigen sich zum Beispiel in der zunehmenden Einbeziehung des Managements Operationeller Risiken in die Durchführung von Outsourcingtransaktionen. Sie umfasst alle Phasen von der grundlegenden Evaluierung über die Planung bis zur Durchführung der Transaktion. Ihren Abschluss bildet die Konzeption, Implementierung und Durchführung des permanenten Outsourcing-Controllings, das die Überwachung des Risikomanagements eines externen Dienstleisters darstellt.

In der Praxis sind hierfür nach wie vor eine Vielzahl von Gegenbeispielen anzutreffen. Nicht immer erfolgt eine Identifikation und Bewertung der Operationellen Risiken im Rahmen der grundlegenden Outsourcing-Entscheidung. Häufig werden nur die auf die vermeintlich sichereren zukünftigen Kosten und Erträge zielenden Betrachtungen durchgeführt, und die tatsächlich mit großer Unsicherheit behafteten Operationellen Risiken der Transaktion wie des Übergangs nicht angemessen „bepreist“. Allerdings kann das bisherige Instrumentarium eines Managements Operationeller Risiken hier aufgrund zumeist fehlender historischer Daten kaum quantitative Aussagen machen. Die Anwendung von Risk Assessments hat sich in diesem Umfeld als ein zielführender Bewertungsansatz gezeigt.

Viele Outsourcingverträge weisen keine oder nur unzureichende Messgrößen auf, die überhaupt eine Aussage über die Qualität der erbrachten Leistung zulassen. Sind sie doch vorhanden, werden sie meist vom Anbieter ermittelt und sind für den

Auftraggeber teilweise nicht nachprüfbar. Selbst wenn dieser Aspekt adäquat geregelt ist, fehlen manchmal klare Regelungen im Falle einer Nicht- oder Mindererfüllung.

Das Definieren von Indikatoren, die objektiv ermittelbar sind, ist ein wesentlicher Bestandteil des Managements Operationeller Risiken innerhalb einer Outsourcingbeziehung. Ebenso eindeutig müssen klare Vereinbarungen bei einer Abweichung von vorgegebenen Werten bestehen. Anders kann ein Auftraggeber überhaupt nur ein marginales Management der Operationellen Risiken dieser weitreichenden Transaktion vornehmen. Dies hat umso höhere Bedeutung, als dass dann das gesamte Risiko in aller Regel bei ihm verbleibt.

Auch die internationale Bankenaufsicht hat die Relevanz dieses Themas erkannt und bereits in ihren ersten Fassungen des Basel II-Konsultationspapiers adressiert. Eine sich anschließende intensivere Behandlung erscheint nicht unwahrscheinlich

Disaster Recovery und Business Continuity Planning
Diese Managementmaßnahmen umfassen Aktivitäten, die vom Management für notwendig gehalten werden, um die Auswirkungen von Notfällen auf ein Mindestmaß zu reduzieren. Sie können abhängig vom Objekt der Planung sehr weitreichend sein und die Entwicklung von Verhaltensregeln im Krisenfall, Evakuierungspläne, Rollenverteilungen und Benachrichtigungslisten, die Einrichtung von Notfallarbeitsplätzen und -kommunikationswegen und regelmäßige Übungen beinhalten.

Sie sind geprägt von der Leitlinie „Disasters are defined by time not by cause“. Diese natürlich bewusst vereinfachende Aussage stellt die Notwendigkeit unverzüglichen und zielgerichteten Handelns bei Eintritt eines Notfalls in den Vordergrund, um dadurch die Auswirkungen signifikant zu reduzieren. Das setzt eine entsprechend antizipative Planung voraus.

In Literatur und Praxis existiert eine Trennung zwischen den beiden Aspekten Disaster Recovery und Business Continuity Planning. Während sich Disaster Recovery mit der Limitierung der unmittelbaren Auswirkungen einer Katastrophe beschäftigt, ist das schnellstmögliche Wiederaufnehmen der Geschäftstätigkeit Gegenstand des Business Continuity Planning. Da im Vordergrund dieser Betrachtung nicht die Details dieser Aspekte stehen sondern die Integration in ein umfassendes Management Operationeller Risiken, werden sie hier nicht getrennt behandelt.

Wie alle Aspekte des Managements Operationeller Risiken basieren Notfallmaßnahmen auf konkreten Eigen- oder Fremderfahrungen. Bisher nicht eingetretene

Notfälle können in ihren Aspekten oft nur theoretisch analysiert werden, was Einfluss auf die Ableitung von Maßnahmen haben wird. Dessen ungeachtet ist die permanente Analyse auch externer Ereignisse in diesem Bereich von elementarer Bedeutung.

Zur Ermittlung möglicher Auswirkungen haben sich hier, wie bereits dargestellt, Szenarioanalysen als sinnvoll erwiesen. Zu ihrer Durchführung bedarf es eines für diesen Zweck umfassenden Kreises von Experten, die in ihrer Summe alle relevanten Aspekte analysieren. Dies ist aufgrund der Komplexität selten von einer kleinen Gruppe leistbar.

Die Analyse verfolgt dabei zwei Zielsetzungen: die Identifikation aller relevanten Elemente sowie die Bewertung der Auswirkung in einer Kosten-Nutzen-Betrachtung. Zwar ist die Betriebsaufrechterhaltung in einem Krisenfall von elementarer Bedeutung für die meisten Bereiche eines Finanzinstitutes, aber auf der anderen Seite sind Back Up-Fazilitäten immer mit hohen Aufwendungen verbunden, weil sie im Extremfall die Vorhaltung der gesamten notwendigen Infrastruktur in doppelter Menge bedeuten. Dies ist bei den heutigen Kosten eines mit aktueller Bürotechnik ausgestatteten Arbeitsplatzes ein signifikanter Faktor, was nicht zuletzt zum Angebot von zwischen einzelnen Firmen geteilten Ausweicharbeitsplätzen geführt hat.

Wichtig bei dieser Analyse ist auch die Tatsache, dass Disaster Recovery und Business Continuity Planning bereits weit vor Eintritt einer „großen“ Katastrophe zum Tragen kommen. Die Nichtverfügbarkeit eines Gebäudes kann signifikante Auswirkungen auf den Geschäftsbetrieb haben. Ob dies durch ein lokales Feuer, einen Gasalarm oder eine Infektionskrankheit wie SARS verursacht wird, ist dabei sekundär. Zuerst muss das generelle Risikopotenzial identifiziert und bewertet werden.

Neben der nicht eliminierbaren Unsicherheit über Eintritt und Ausmaß einer Katastrophe haben die Praxisrelevanz und die Umsetzung der definierten Maßnahmen erheblichen Einfluss auf das Risikopotenzial. Art und Häufigkeit von durchgeführten Notfallübungen zeigen dies gelegentlich eindrucksvoll. Wer je an einer moderaten, aber echten Evakuierung eines größeren Gebäudes teilgenommen hat, dabei in einem beleuchteten, aber engen und zunehmend überfüllten Treppenhaus versucht hat, Stockwerknummern und Leuchtstreifen zu erkennen und gleichzeitig auch gehbehinderten Kollegen die nötige Aufmerksamkeit zu schenken, um danach bei winterlichen Temperaturen auf einem Versammlungsplatz den Durchsagen eines nicht sehr lauten Megaphons für eine mehrtausendköpfige Menge die nächsten Schritte zu entnehmen, gewinnt erste vage Vorstellungen über das tatsächliche Risiko- und Verbesserungspotenzial.

Die Einbindung des zentralen Managements Operationeller Risiken erfolgt bisher oft an der Stelle der Bewertung. In den meisten Finanzinstituten ist im Rahmen der Definition und Kategorisierung der Operationellen Risiken eine Kategorie „Externe Effekte“ definiert. Auch wenn Notfälle aus einer Verkettung externer und interner Ursachen und Effekte resultieren können, wird die häufigste Ursache ein äußerer Einfluss sein. Jedes umfassende Risk Assessment, aber auch die Modellierung von Operationellen Risiken für diese in ihrer Auswirkung hoch relevanten Kategorie, wird auf den Ergebnissen dieser Szenarioanalysen basieren. Eine Bewertung von Operationellen Risiken für ein Finanzinstitut ist also ohne Berücksichtigung der vorhandenen Notfallplanungen unvollständig und führt zu einer Fehleinschätzung.

Aufgabe eines zentralen Managements Operationeller Risiken wird es aller Voraussicht nach auch zukünftig nicht sein, die Rolle eines übergeordneten Notfallmanagements zu spielen. Hierzu ist weder das Know how, die Kapazität noch die teilweise nötige räumliche Nähe vorhanden. Vielmehr steht für das Management Operationeller Risiken die Sicherstellung der konsistenten Behandlung aller Operationellen Risiken aus Gesamtbanksicht im Fokus.

Wesentlich für alle besonderen Teilbereiche des Managements Operationeller Risiken ist daher, unabhängig von ihrer organisatorischen Zuordnung, die vollständige und konsistente Erfassung aller Risikokomponenten und die darauf basierende eindeutige Zuweisung von Managementverantwortung und Zielen.

Das Fokussieren von Spezialisten auf bestimmte Bereiche bleibt von hoher Bedeutung, da das notwendige Fachwissen zum Management der komplexen Strukturen nur so sichergestellt werden kann. Ebenso von Bedeutung ist aber die klare Zuordnung dieser Verantwortungsbereiche verbunden mit einer einheitlichen Bewertung des Risikopotenzials. Ersteres stellt ein effektives, letzteres ein effizientes Risikomanagement sicher.

4.5 Überwachung

Die unabhängige Überwachung beurteilt die Effektivität und Effizienz des Risikomanagementprozesses. Dazu zählt die Analyse der durchgeführten Maßnahmen, die Feststellung von Lücken zu den erforderlichen Maßnahmen, die Beurteilung der Kosteneffizienz der eingesetzten Maßnahmen sowie der Vergleich zwischen erwarteter und eingetretener Entwicklung anhand definierter Größen wie tatsächlichen Verlusten, Indikatoren oder Risk Assessment-Ergebnissen.

In der Praxis ist diese Überwachung wiederum ein mehrstufiger Prozess, der von verschiedenen internen und externen Funktionen wahrgenommen wird. In die Überwachung der Operationellen Risiken sind, abhängig von der konkreten Ausgestaltung und dem Umsetzungsgrad eines Frameworks für Operationelle Risiken, folgende Bereiche involviert:

- das (zentrale) Controlling Operationeller Risiken,
- die Interne Revision,
- der externe Wirtschaftsprüfer,
- die Bankenaufsicht und
- die Marktteilnehmer.

Eine detaillierte Beschreibung der internen Aufgaben und Verantwortlichkeiten folgt im Abschnitt 5.1, daher steht hier der Prozessschritt als solcher im Vordergrund.

Controlling Operationeller Risiken
Die Rolle des zentralen Controllings Operationeller Risiken entspricht der Umsetzung der im Marktrisiko spätestens seit der Einführung der Mindestanforderungen an das Betreiben von Handelsgeschäften der Kreditinstitute (MaH) vorgeschriebenen Funktionstrennung in Management und unabhängiges Controlling. Den gleichen Schritt vollzieht momentan das Kreditrisikomanagement mit seiner Trennung in Marktbereich, Marktfolge und ebenfalls unabhängiges Kreditrisikocontrolling nach.

Die Anwendung auf das Management der Operationellen Risiken ist eine logische Fortsetzung dieser Initiativen. Auf der selben Ebene wie das Markt- und das Kreditrisikocontrolling, häufig auch zusammengefasst in einem Bereich „zentrales Risikocontrolling", erfolgt hier eine bis in die Vorstandsverantwortung unabhängige permanente Überprüfung aller Aktivitäten des jeweiligen Risikomanagements. Dabei werden die gleichen Methoden und Verfahren, die auch vom Management angewendet werden, benutzt, um sicherzustellen, das sich das Management dauerhaft im durch die Geschäftsleitung definierten Rahmen bewegt.

Interne Revision
Die Aufgaben der internen Revision werden durch die Etablierung eines Managements Operationeller Risiken nicht verändert, sondern lediglich für diesen Risikobereich konkretisiert. Wesentliches Ziel ist die Prüfung der Effektivität, Effizienz und Eignung des Risikomanagement- und -controllingprozesses sowie die Com-

pliance mit dem definierten Risikomanagement- und Risikocontrolling-Framework auf allen Ebenen. Die Revision nimmt damit im Überwachungsprozess eine dem Risikocontrolling nachgelagerte Funktion wahr, die dieses einschließt.

Wirtschaftsprüfer

Aufgabe des Wirtschaftsprüfers ist es, sich im Rahmen der jährlichen Abschlussprüfung davon zu überzeugen, ob der vorgelegte Jahresabschluss ein den tatsächlichen Verhältnissen entsprechendes Bild der Vermögens-, Finanz- und Ertragslage sowie der Zahlungsströme des Geschäftsjahres wiedergibt. Bei dieser Beurteilung sind die Geschäftstätigkeit sowie das wirtschaftliche und rechtliche Umfeld des Unternehmens und Erwartungen über mögliche Fehler zu berücksichtigen.

Da Operationelle Risiken eines Finanzinstitutes einen erheblichen Einfluss auf alle diese Elemente haben können, werden diese Risiken zunehmend in den Fokus der externen Prüfer rücken. Im DRS 5–10 sind auch bereits konkretisierende Aussagen zur Art der Risikoprüfung gemacht. Es ist zu erwarten, dass sich die Wirtschaftsprüfer mit fortschreitender Entwicklung der Messmethoden dieser ebenfalls bedienen. In einigen Ländern hat die Bankenaufsicht zudem signalisiert, dass sie eine konkrete Rolle der Prüfer im Rahmen der qualitativen Aufsicht wünscht. Die Beurteilung des gesamten Frameworks für Management und Controlling Operationeller Risiken wird damit zunehmend stärker Gegenstand externer Prüfungshandlungen.

Bankenaufsicht

Auch vor der Neufassung der Eigenkapitalunterlegungsvorschriften durch Basel II waren die Operationellen Risiken eines Finanzinstitutes und ihr Management Gegenstand der Bankenaufsicht. Durch die explizite Eigenkapital-Unterlegungspflicht für diese Risikoart, insbesondere aber durch die zumindest im deutschen Bankenwesen neue stärkere Betonung der qualitativen Aufsicht über die zweite Säule von Basel II, gewinnt die Beurteilung der Qualität des Managements Operationeller Risiken durch die Bankenaufsicht deutlich an Bedeutung.

Zwar bleibt abzuwarten, wie die konkrete Umsetzung dieser qualitativen Aufsicht erfolgen wird, insbesondere inwieweit die Möglichkeit einer Erhöhung der Eigenkapitalanforderungen bei Mängeln im Managementsystem genutzt werden wird. Offensichtlich entwickelt sich hier aber eine Überwachungsinstanz, die in Umfang und Intensität über die bisherige Praxis hinausgehen wird.

Diese Form der Überwachung wird dabei zwei Ausprägungen haben, die laufende im Rahmen der permanenten Bankenaufsicht und die besondere im Rahmen der Modellabnahmeprüfungen. Beide werden signifikanten Einfluss auf die Ausgestaltung des Managements Operationeller Risiken eines Finanzinstitutes haben.

Marktteilnehmer
Die Rolle der externen Marktteilnehmer als Bestandteil des Überwachungsprozesses ist vergleichsweise neu und in ihrer Wirkung erheblich von der Umsetzung der in Basel II geforderten Offenlegungspflichten anhängig. Basel verfolgt das Ziel, durch die Offenlegung risikorelevanter Sachverhalte die Marktteilnehmer je nach bisheriger Praxis besser oder teilweise erstmalig in die Lage zu versetzen, ihr Engagement bei einem bestimmten Finanzinstitut von dessen Risikosituation abhängig zu machen. Die Entscheidung über Aufnahme, Fortführung oder Beendigung einer Geschäftsbeziehung kann damit der Risikoneigung des Geschäftspartners angepasst werden und entsprechend Eingang in die Preisgestaltung von Transaktionen finden.

Die konkrete Ausgestaltung dieser Überwachungsfunktion ist aufgrund der bisher fehlenden Erfahrung in diesem Bereich noch weitgehend offen. Denkbar wäre aber neben allgemeinen Aussagen zum Stande des Risikomanagements zum Beispiel die Offenlegung wesentlicher Outsourcing-Beziehungen in Verbindung mit der jeweiligen Performance oder Informationen über die Häufigkeit von Verlustfällen in bestimmten Bereichen im Vergleich zu einer Benchmark.

5. Komponenten des Managements Operationeller Risiken

Die Umsetzung eines funktionsfähigen Risikomanagementprozesses wie in Kapitel 4 dargestellt, erfordert die Entwicklung von Methoden und Verfahren, die organisatorisch und DV-technisch in die Bank integriert werden müssen. Auch wenn sich diese Methoden und Verfahren teilweise sehr deutlich in ihrer Konzeption und Umsetzung in einzelnen Banken unterscheiden, können alle vorzufindenden Ansätze in der im folgenden beschriebenen Struktur dargestellt werden.

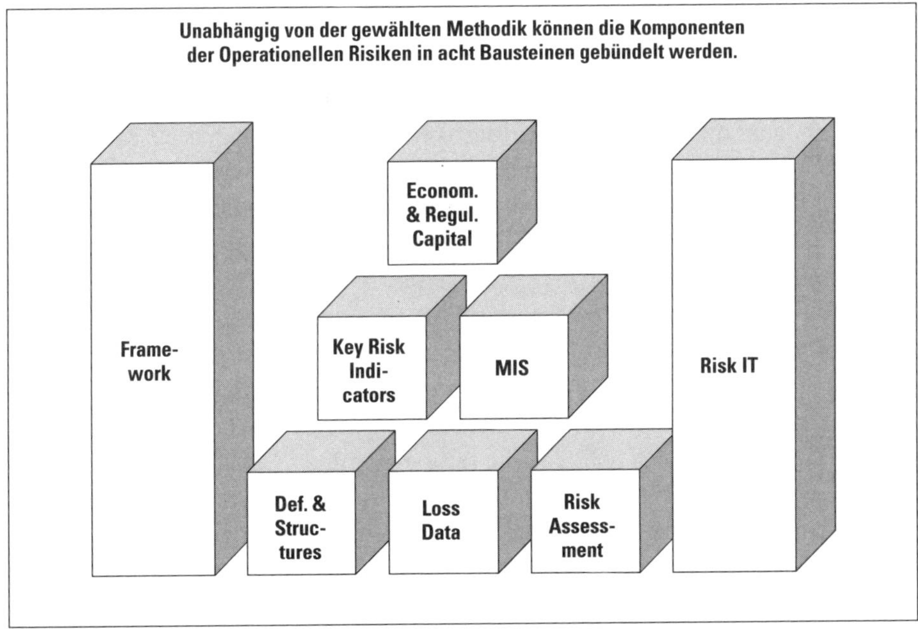

Abbildung 14: Komponenten des Managements Operationeller Risiken

5.1 Framework

Das Framework oder die Aufbau- und Ablauforganisation umfasst alle für das Management Operationeller Risiken relevanten organisatorischen Komponenten. Dies beinhaltet Aufgaben und Verantwortlichkeiten auf allen Ebenen der Organisation, Gremien bzw. Komitees, entsprechende Abgrenzungen zu anderen Funktionen sowie die obligatorischen Berichts- und Eskalationswege. Analog zu anderen Risikoarten umfasst das Framework das Risikomanagement im engeren Sinne, ein davon unabhängiges Risikocontrolling und die für Operationelle Risiken spezifischen Aufgaben der Revision. Im Folgenden soll als Risikomanagement im weiteren Sinne jede auf die Steuerung von Risiken gerichtete Tätigkeit verstanden werden. Dies schließt überwachende Elemente wie Controlling und Revision ein. Risikomanagement im engeren Sinne bedeutet die Entscheidung über das Akzeptieren von Risiken in Abgrenzung zur unabhängigen Überwachung und Revision. Weitere Funktionen nehmen die externen Prüfer und die Bankenaufsicht wahr. Da diese letztgenannten Funktionen sich der Gestaltung durch die jeweilige Bank entziehen und in ihrem Umfang und ihrer Ausgestaltung gesetzlich geregelt sind, stellen sie keine Komponenten des bankeigenen Managements dar.

Das wesentliche Merkmal des Frameworks zum Management der Operationellen Risiken ist, dass die entsprechenden Managementaufgaben anders als Markt- oder Kreditrisikomanagement aufbauorganisatorisch über alle Bereiche einer Bank verteilt sind. Eine Zentralisierung ist nur in wenigen Fällen möglich.

Vorgehensweise beim Marktrisiko

Während das Marktrisiko zwar historisch häufig in verschiedenen Organisationseinheiten angesiedelt war, ist über die letzten Jahre eine klare Tendenz zur Zentralisierung erkennbar. Aufgrund der notwendigen fachlichen Expertise und der hohen Kosten für die notwendige IT-Unterstützung, wurden in den meisten Banken zentrale Handelseinheiten gebildet, die für die gesamte Übernahme der Marktrisiken eines Hauses, häufig auch einer Gruppe verantwortlich sind. Sie übernehmen eine Risikopooling- und Clearingfunktion für die gesamte Organisation und treten zumeist als zentraler Kontrahent an den Märkten auf. Aufgrund der Eigenheiten dieses Risikos und der verfügbaren Risikomanagementinstrumente fällt die Zentralisierung relativ leicht.

Das Marktrisiko tritt produktbezogen auf, ist identifizierbar und – mit gewissen Einschränkungen bei nur wenig liquiden Märkten – leicht handel- und damit transferierbar. Der Transfer erfolgt im ersten Schritt an die zentrale Handelseinheit, und diese entscheidet im zweiten Schritt über eine teilweise oder vollständige Weitergabe über die Märkte nach außen. Die vorhandenen Messmethoden erlauben bis auf wenige Ausnahmen eine eindeutige Quantifizierung dieses Risikos auf Transaktionsebene und eine Aggregation auch unterschiedlicher Produkte auf eine bankweite Portfolioebene.

Da das Risiko in seiner gesamten Bandbreite identifizierbar ist, kann eine klare Trennung der Risikokomponente von der eigentlichen Ertrags- oder Margenkomponente vorgenommen werden. Keine Kundenabteilung unterliegt damit mehr dem Risiko einer Ertragsveränderung aufgrund von Marktschwankungen. Damit verbleibt heute Marktrisiko nur noch in Ausnahmefällen in anderen als der zentralen Risikomanagementeinheit. Die Gründe sind zumeist technischer Art, wenn Produkte in Lokationen mit eigenen Systemen abgebildet sind, die sich aufgrund ihres Entwicklungsstandes nicht oder nur mit hohem Aufwand mit zentralen Systemen verbinden lassen. Dieser Zustand ist damit in der Regel nur noch temporär, oder die Kosten der Anbindung stehen in einer unverhältnismäßigen Beziehung zum Nutzen.

Vorgehensweise im Kreditrisiko

Im Kreditbereich ist eine ähnliche Tendenz feststellbar, allerdings befindet sich der Prozess in einer deutlich früheren Phase. Die organisatorische Trennung zwischen den Marktbereichen, die eine kreditbehaftete Transaktion eingehen, und einem zentralen Bereich, der dieses Kreditrisiko identifiziert, übernimmt und ggf. nach außen transferiert, ist grundsätzlich möglich.

Die im Vergleich zum Marktrisiko weniger ausgeprägten Märkte erschweren noch den Transfer, standardisierte Produkte sind jedoch bereits seit längerem handelbar, die Ausweitung auf weitere Kreditprodukte nimmt zu. Innerhalb einer Organisation fällt die Identifikation des Kreditrisikos in einer Transaktion durch die sich verbessernden Messmethoden genauso wie seine Aggregation über das gesamte Unternehmen hinweg zunehmend leichter. Die Trennung des Risikos vom Margenbestandteil und eine transaktionsübergreifende Portfoliobetrachtung wird mit einfachen Mitteln standardisiert und ist damit für die Masse der mit Kreditrisiko behafteten Produkte und Transaktionen möglich.

Sowohl für das Management von Markt- als auch von Kreditrisiken ist daher eine organisatorische Zusammenfassung möglich und unter Steuerungsaspekten auch sinnvoll. Die vorhandenen Methoden ermöglichen eine objektive Identifikation auf Produkt- oder Transaktionsebene sowie eine Aggregation in einer umfassenden Portfoliosicht. Einheiten, deren Zielsetzung nicht in der Übernahme dieser Risiken gesehen wird, werden in die Lage versetzt, diese Risiken zu einem objektiven und damit fairen Preis an ein zentrales Management mit hoher Expertise zu transferieren. Dies ermöglicht die organisatorische Grundlage für eine weitere Notwendigkeit des Risikomanagements im weiteren Sinne, die der Funktionstrennung von Management, unabhängiger Überwachung und Revision.

Situation im Bereich der Operationellen Risiken
Da definitorisch alle Mängel aus Prozessen, Personen, Systemen und bestimmte externe Effekte unter Operationellen Risiken erfasst werden, ist eine analoge Zentralisierung von Aktivitäten nur in sehr begrenztem Umfang möglich. Zudem fehlen für Operationelle Risiken zum jetzigen Zeitpunkt die etablierten Messverfahren, die eine objektive Bewertung ermöglichen. Daher ist eine Aggregation dieser Risiken auf eine Portfolio- oder Gesamtbankebene nur sehr eingeschränkt möglich und externe bzw. Marktpreise existieren kaum. Entsprechend fehlen zumeist die Entscheidungsgrundlage und die Instrumente für eine Ausplatzierung.

Dessen ungeachtet ist eine klare Trennung der Funktionen in Management, unabhängige Überwachung und Revision heute auch für Operationelle Risiken möglich. Zwar existieren Einschränkungen gegenüber den anderen Risikoarten aufgrund der bestehenden methodischen Mängel. Die Vorteile eines signifikanten Informationsgewinns, die zumeist erstmalige Einführung einer konsistenten Betrachtungsweise und der durch die Funktionstrennung erheblich verbesserten Corporate Governance lassen eine Umsetzung dieses organisatorischen Prinzips bereits zum jetzigen Zeitpunkt ökonomisch sinnvoll erscheinen.

Diese Position wird zudem von der Bankenaufsicht vertreten. Auch wenn die aktuelle regulatorische Diskussion erhebliche Spielräume bzw. Unsicherheiten in der konkreten Auslegung aufweist, ist die Grundaussage hin zu einem eigenständigen Management Operationeller Risiken eindeutig. Eine Frage des „ob“ ist somit nicht mehr gestellt, die Herausforderung konzentriert sich auf das „wie“. Dies ist trotz der heute bestehenden methodischen Mängel auch weitestgehend möglich.

Dabei ist zu berücksichtigen, dass jede Bank organisatorische Eigenheiten aufweist, die in ihrer Risikomanagementstruktur reflektiert werden müssen. Das Risikomanagement wird kaum je die historisch gewachsene bzw. am Markt orientierte Organisationsstruktur einer Bank in erheblichem Maße beeinflussen. Sie hat dieser im Gegenteil Rechnung zu tragen.

Ein auf Geschäftsbereichsebene weitgehend zentral geführtes Institut wird tendenziell über ein ebenso zentrales Risikocontrolling verfügen, da es die Risikostruktur besser abbildet als ein dezentrales und vice versa. Ebenso muss bestehenden regionalen oder nationalen Besonderheiten, Strukturen und teilweise gesetzlichen Regelungen Rechung getragen werden.

In manchen Ländern ist die Einrichtung von mit Risikomanagementaspekten befassten Management Committees zwingend, in anderen freiwillige aber gängige Praxis. In einer dritten Ländergruppe etablieren sich entsprechende Strukturen erst im Rahmen der aktuellen Corporate Governance-Diskussion. Zusätzlich haben Gesetze wie der Sarbanes-Oxley Act erhebliche Auswirkungen auf Bereiche von Banken, die der Managementsphäre der Operationellen Risiken zugeordnet sind.

Diese unterschiedlichen Parameter haben entscheidenden Einfluss auf die Ausgestaltung des Gesamtbankrisikomanagements und damit konsequenterweise auf das Management der einzelnen Risikoarten. Sie sind zu berücksichtigen und gegebenenfalls lokal oder unternehmensweit umzusetzen. Die Implementierung einer spezifischen Managementstruktur für Operationelle Risiken ist daher keineswegs davon unabhängig. Sie findet aber konzeptionell auf einer übergeordneten Ebene statt und hat die genannten Einflussgrößen als Nebenbedingungen zu berücksichtigen.

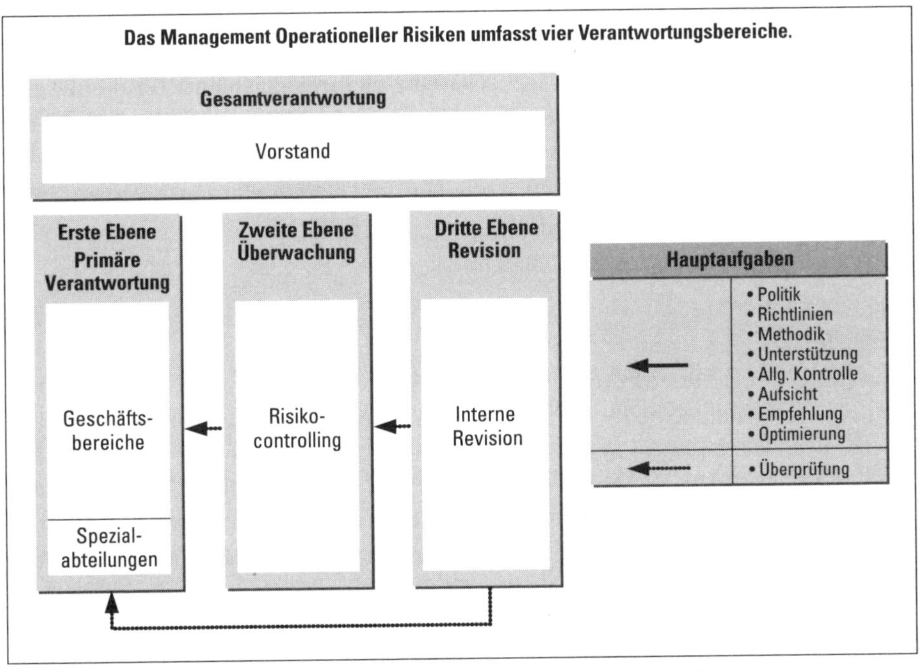

Abbildung 15: Die drei Ebenen des Managements Operationeller Risiken

Wesentliche Elemente eines Frameworks sind

- Gesamtverantwortung
  - die Unternehmensleitung (im deutschen Gesetzesraum zumeist der Vorstand),
  - ein Komitee zur Unterstützung der Unternehmensleitung,
- Erste Ebene des Risikomanagements (Management im engeren Sinne)
  - die Leitung der einzelnen Geschäftsbereiche,
  - die Leitung zentraler oder dezentraler Unterstützungsbereiche (IT, Recht, Personal etc.),
- Zweite Ebene des Risikomanagements (unabhängige Überwachung): das Risikocontrolling und
- Dritte Ebene des Risikomanagements: die interne Revision.

Während einige dieser Elemente zwingend vorhanden sein müssen, wie die Geschäftsleitung und die interne Revision, besteht bisher kein gesetzlicher oder regulatorischer Zwang, ein generelles oder spezifisches Risikokomitee einzuführen. Ebenso ist die Verantwortung des Geschäftsbereichsmanagements für die jeweiligen Operationellen Risiken evident, weniger aber die Rolle eventuell vorhandener Spezialeinheiten. Vor dem Hintergrund der angestrebten Funktionstrennung ist eine klare Definition der jeweiligen Aufgaben und Verantwortungsbereiche daher notwendig. Dabei sind in Einzelfällen bankspezifische Zuordnungen notwendig, meistens sind die Rollen aber offensichtlich.

Vorstand

Als oberstes Leitungsorgan einer Bank trägt der Vorstand die Gesamtverantwortung für Risikomanagement, unabhängige Überwachung und die Revision. Zudem wird er in seiner Tätigkeit gegebenenfalls von Gremien oder Komitees unterstützt. Für das Management der Operationellen Risiken ist von großer Bedeutung, dass er die notwendige Funktionstrennung bis auf seine Ebene implementiert. Dies wird zumeist mit der Etablierung eines dezidierten Risikovorstandes (zunehmend auch Chief Risk Officer genannt) geschehen. Eine weitere Konkretisierung seiner Aufgaben hinsichtlich des Managements von Operationellen Risiken erscheint wenig sinnvoll, da damit Einschränkungen seiner Gesamtverantwortung einhergingen.

Wesentlich ist, dass der Vorstand regelmäßige und adäquate Informationen über den aktuellen Stand der Operationellen Risiken der Bank erhält, die ihn in die Lage versetzen, diese Risikoart im geforderten Umfang zu adressieren. Auch wenn die zur Zeit diskutierten regulatorischen Anforderungen nicht konkret auf die Ausgestaltung des bankweiten Risikomanagementsystems eingehen, liegt es auf der Hand, dass alle entscheidungsrelevanten Informationen entsprechend aufbereitet und zeitnah an die Geschäftsführung kommuniziert werden.

Risikokomitee(s)
Ein Komitee für Operationelle Risiken dient als zentrales Koordinations- und Eskalationsgremium für alle diese Risikoart betreffenden Fragen.

Ein alle Risikoarten umfassendes oder mehrere spezifische Risikokomitees sind heute in den meisten Fällen Gremien, die unter Leitung des Risikovorstands und unter Einbeziehung von Fachwissen aus allen relevanten Bereichen eine den Vorstand unterstützende Funktion haben. Sie beziehen ihren Auftrag daher von ihm, teilweise werden ihnen Entscheidungsbefugnisse im Namen des Vorstands übertragen, aber die Gesamtverantwortung verbleibt in jedem Falle bei dem obersten Leitungsorgan. Ihr Vorteil ist die Bündelung spezifischen Wissens mit teilweise erheblichem technischen Bezug, das auf Vorstandsebene nicht vertreten sein kann.

Ob ein generelles Risikokomitee oder mehrere spezifische etabliert werden, hängt von verschiedenen Faktoren ab, allgemeingültige Lösungen existieren nicht. Wesentlich hierfür sind die Komplexität der Prozesse, Produkte und Organisationsstruktur, da sie die Risiken wesentlich bestimmen, sowie das jeweils notwendige und verfügbare Fachwissen.

Damit ist sowohl die Einrichtung eines spezifischen Komitees für Operationelle Risiken, die Schaffung einer Untergruppe im Rahmen eines Gesamtrisikokomitees oder die Behandlung der entsprechenden Themen im allgemeinen Risikokomitee möglich.

Letzteres wird eher den Managementerfordernissen kleinerer Organisationen entsprechen. Ob ein eigenständiges Komitee oder eine Untergruppe eines eventuell bestehenden als Form gewählt wird, wird eher von der Kultur und Historie der jeweiligen Bank geprägt werden, als von spezifischen Managementerfordernissen. In Banken, in denen bisher ein etabliertes und profiliertes Risikokomitee historisch einen weitreichenden Fokus auf alle Risikoarten hatte, kann die Schaffung einer Untergruppe sinnvoll sein, um an den Vorteilen des etablierten Gremiums zu partizipieren. Sollten bereits eher spezifisch orientierte Komitees für Markt- oder Kreditrisiken bestehen, wird tendenziell die Einrichtung eines weiteren Gremiums für Operationelle Risiken erfolgen.

Aufgrund seiner übergeordneten Stellung ist ein solches Komitee nicht den Bereichen Management, Controlling oder Revision zuzuordnen. Vielmehr sollten all diese Bereiche adäquat repräsentiert sein, damit es seine Aufgabe als Koordinierungs- und Eskalationsgremium mit der notwendigen Autorität und Fachkenntnis erfüllen kann. Die hohe Positionierung gebietet zudem eine hierarchisch adäquate Besetzung.

Für jede der gewählten Organisationsformen ist die klare Beauftragung durch die Geschäftsleitung, das Informationsrecht über alle relevanten Aspekte der Operationellen Risiken sowie die Entscheidungsbefugnis bei Notfällen wesentlich, falls der Gesamtvorstand nicht verfügbar ist.

Geschäftsbereichsleitung
Die Geschäftsbereichsleitung hat die primäre, dezentrale Verantwortung für das Management der Operationellen Risiken des jeweiligen Bereiches. Dies ist generell unstrittig, aber in vielen Fällen dahingehend zu konkretisieren, wie der Begriff Operationelle Risiken und die damit verbundenen Managementaufgaben und -instrumentarien etabliert oder konkretisiert werden. Aufgrund der teilweise seit Jahren gewachsenen Managementstrukturen besteht das Risiko, dass grundsätzlich alle Beteiligten der Managementverantwortung der Geschäftsbereichsleitung zustimmen, aber ein divergierendes Verständnis von Operationellen Risiken generell, ihren Komponenten oder den zu verwendenden Prozessen und Methoden haben.

Das Ausmaß des Klärungsbedarfs hängt auch von der Organisationsstruktur der Bank ab. Häufig verfügen Unterstützungs- oder Servicebereiche über erhebliche Managementverantwortung, in der Regel für Themen mit zentraler Relevanz. Beispielsweise sind nur wenige Geschäftsbereiche frei in ihren IT-bezogenen Entscheidungen, die Rechtsabteilung macht konkrete Vorgaben in allen rechtlichen Aspekten, insbesondere im Vertragsbereich, und die Personalabteilung implementiert zumeist bankweit gültige Standards für alle Aspekte der Mitarbeitergewinnung und -betreuung. Eine klare Abgrenzung der Managementverantwortung gegenüber diesen Spezialbereichen ist daher notwendig.

Spezialabteilungen
Diese häufig zentral organisierten Bereiche sind in ihrer Abgrenzung zu Geschäftsbereichen bereits beschrieben. Ihre Existenz und die damit einhergehende, ihnen übertragene Verantwortung beruht auf zwei unterschiedlichen, sich ergänzenden Aspekten. Entweder gründet sich ein solcher Bereich primär auf sein für das Geschäftsmodell der Bank notwendiges, aber in der Breite nicht verfügbares Spezialistentum, oder auf die Annahme, dass aus Effizienzgründen das Vorhalten dieser Funktion oder dieses Wissens in allen Bereichen möglich, aber nicht wirtschaftlich oder zu risikoreich ist.

In beiden Fällen resultiert daraus für diese Bereiche Verantwortung für bestimmte, klar abgegrenzte Bereiche des Managements Operationeller Risiken. Um Überlappungen, insbesondere aber Lücken in der jeweiligen Managementverantwortung zu vermeiden, ist eine im Einzelfall nicht unaufwändige Klärung gegenüber den Geschäftsbereichen notwendig.

Ebenfalls muss klar definiert werden, ob diese Bereiche vollständig oder überwiegend Management- oder Controllingfunktionen ausüben. Während ursprünglich die Annahme bestand, Bereiche wie Personal oder Recht wären primär mit Überwachungsaufgaben betraut, setzt sich vermehrt die Erkenntnis durch, das es sich hierbei um zentrale Managementfunktionen handelt, die entsprechend selbst einer unabhängigen Überwachung unterliegen sollten.

Risikocontrolling
Das Risikocontrolling nimmt die Funktion der unabhängigen Überwachung wahr. Es bedient sich dabei theoretisch der gleichen Methoden und Verfahren zur Messung der Operationellen Risiken wie die Managementbereiche. Tatsächlich wird es zum heutigen Zeitpunkt sogar als Treiber die Entwicklung und Implementierung dieser Elemente forcieren, insbesondere um eine bankweite Einheitlichkeit der Vorgehensweise zu gewährleisten. Ziel ist eine in jedem Fall unabhängige Überwachung der Einhaltung der von der Geschäftsleitung vorgegebenen Risikomanagementziele. Diese können in Abhängigkeit der implementierten Bausteine vielfältig sein. Kernkomponenten sind dabei die Verantwortung für das Verlustdatenreporting, die Ermittlung von Indikatoren und die Durchführung von Risk Assessments. Seine Aufgabe umfasst dabei primär die Aggregation, Analyse und gegebenenfalls Kommentierung der gewonnenen Informationen.

Zunehmend wird das Risikocontrolling auch als Berater in Fragen Operationeller Risiken im Vorfeld von Entscheidungen eingebunden. Die Aufgaben des Risikocontrollings umfassen dann die Abschätzung Operationeller Risiken bei der Einführung neuer Produkte und Prozesse, gegebenenfalls auch bei Fusionen oder der Herauslösung von Einheiten.

Interne Revision
Die Aufgabe der internen Revision ist die einer von allen anderen Bereichen unabhängigen, objektiven Überwachung. Im Rahmen des Managements Operationeller Risiken hat sie die grundsätzliche Eignung aller implementierten Elemente sowie deren ständige Funktionsfähigkeit zu überprüfen. Dadurch, dass sie sowohl von Management als auch von Überwachung unabhängig ist, schafft sie eine dritte Ebene des Risikomanagements im weiteren Sinne. In Abgrenzung vom Control-

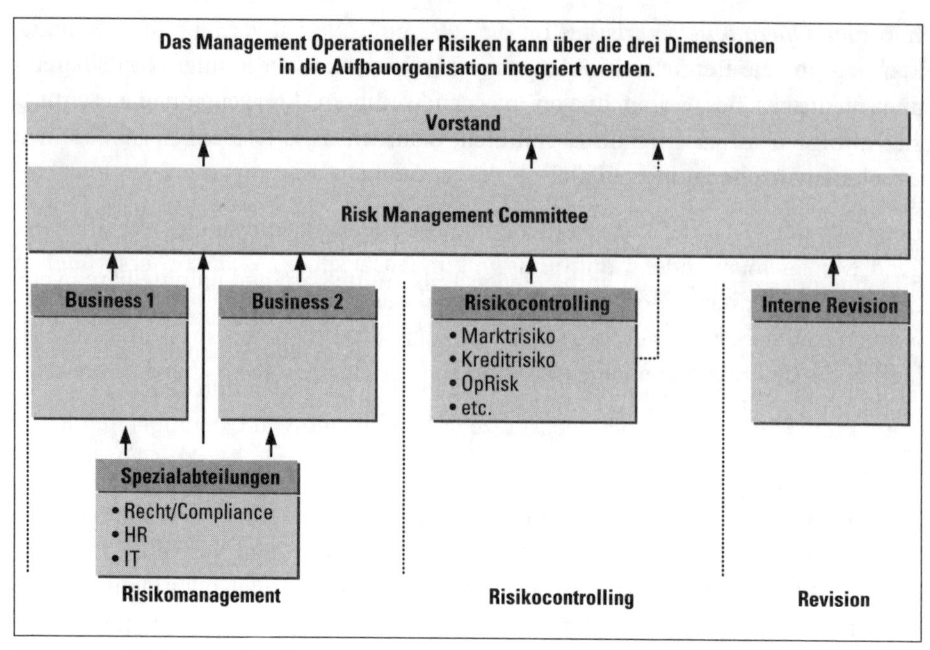

Abbildung 16: Integration Operationeller Risiken in die Aufbauorganisation

ling Operationeller Risiken entwickelt sie weder Methoden, Verfahren oder Prozesse, noch ist sie für die Implementierung verantwortlich. Vielmehr überprüft sie in regelmäßigen oder in Sonderprüfungen deren Eignung und Funktionsfähigkeit.

5.2 Definitions and Structures

Der Ausgestaltung aller Komponenten und Prozessschritte eines umfassenden Managements Operationeller Risiken muss eine gemeinsame Sprache und Struktur zugrunde liegen. Nur dies stellt eine effiziente bankweite Kommunikation in einem einheitlichen Begriffsverständnis sicher. Einige Begrifflichkeiten, die in anderen Bereichen der Bank, anderen Branchen, in der Wissenschaft oder im umgangssprachlichen Gebrauch eine mitunter deutlich abweichende Bedeutung haben, müssen besonders sorgfältig definiert werden. Ein markantes Beispiel hierfür ist das Begriffspaar „erwarteter Verlust“ und „unerwarteter Verlust“, bei dem die umgangssprachliche Verwendung (vorhergesehener beziehungsweise überraschender Verlust) und die Bedeutung in der Statistik (Mittelwert bzw. Abweichung vom Mittelwert) eklatant voneinander abweichen.

Definition Operationeller Risiken
Obgleich die Baseler Definition „Gefahr von Verlusten, die infolge der Unangemessenheit oder des Versagens von internen Verfahren, Menschen und Systemen oder infolge externer Ereignisse eintreten“ von den meisten Banken inzwischen akzeptiert wird, ist zu bezweifeln, ob die tatsächliche Interpretation vergleichbar ist. Dies zeigt sich beispielsweise darin, dass die im Zuge des Konsultationsprozesses vorgenommene Modifikation der Definition Operationeller Risiken durch Streichung des ursprünglich vorhandenen Teils „mittelbare und unmittelbare [Verluste]“ mehrheitlich von Bankenverbänden begrüßt wurde, obgleich die nun gültige Definition als allgemeiner, respektive umfassender angesehen werden muss. Ferner ist die Aussage, dass rechtliche Risiken in dieser Definition enthalten seien, zu konkretisieren. Schließlich bedarf es der Abgrenzung von Operationellen Risiken zu den übrigen in der Bank definierten Risikoarten wie Marktrisiko, Kreditrisiko, Liquiditätsrisiko, Strategierisiko, Geschäftsrisiko, Reputationsrisiko etc. (siehe Kapitel 3).

Somit ist die Notwendigkeit einer umfassenden Definition aller relevanten Begriffe offensichtlich. Diese müssen nicht nur hinreichend präzise sein, sondern auch so formuliert, dass sie bankweit kommuniziert und verstanden werden können.

Des Weiteren ist die Vereinbarung einer für alle Komponenten gültigen Struktur zur Datensammlung und -auswertung notwendig. Diese besteht üblicherweise aus einer Unterteilung der Operationellen Risiken in Risikokategorien einerseits und einer Unterteilung des Unternehmens in Organisationseinheiten bzw. Prozesse andererseits.

Erforderliche Daten sowie Ergebnisse von OpRisk-Methoden basieren auf einer Matrix aus Unternehmensbereichen und Risikokategorien.

	Personen	Technologie	...	Gesamtbereich
Privatkunden	$Data_{11}$	$Data_{12}$	$Data_{1j}$	$Data_{1\bullet}$
Investment Banking	$Data_{21}$	$Data_{22}$	$Data_{2j}$	$Data_{2\bullet}$
...	$Data_{i1}$	$Data_{i2}$	$Data_{ij}$	$Data_{i\bullet}$
Gesamtbank				$Data_{\bullet\bullet}$

Abbildung 17: Strukturmatrix

Risikokategorien

Operationelle Risiken können auf mehrere Arten in Risikokategorien eingeteilt werden. In der Praxis haben sich hierarchische Strukturen mit zwei bis vier Ebenen bewährt, um sowohl Detailanforderungen bei der Datenerhebung und -auswertung gerecht zu werden als auch Managementzwecken dienen zu können. Alle Kategorisierungsschemata sollten einem Anforderungskatalog genügen.

Zu den wichtigsten Anforderungen zählen:

- Steuerungsrelevanz: Aus auf den Kategorien aufbauenden Auswertungen sollten Managemententscheidungen ableitbar sein.
- Verständlichkeit: Hohe Anforderungen an die Qualität erhobener Daten setzen ein gemeinsames Verständnis über alle Teile der Bank hinweg voraus.
- Trennschärfe: Die Zuordnung von Risikoereignissen zu einzelnen Kategorien sollte objektiv nachvollziehbar und eindeutig sein.
- Umfang: Alle möglichen Ereignisse aus Operationellen Risiken sollten einer Kategorie zuordenbar sein.
- Granularität: Die Granularität auf den einzelnen Ebenen einer Kategorisierungshierarchie sollte mit dem Vorhandensein bzw. der Erwartung von Daten kompatibel sein.

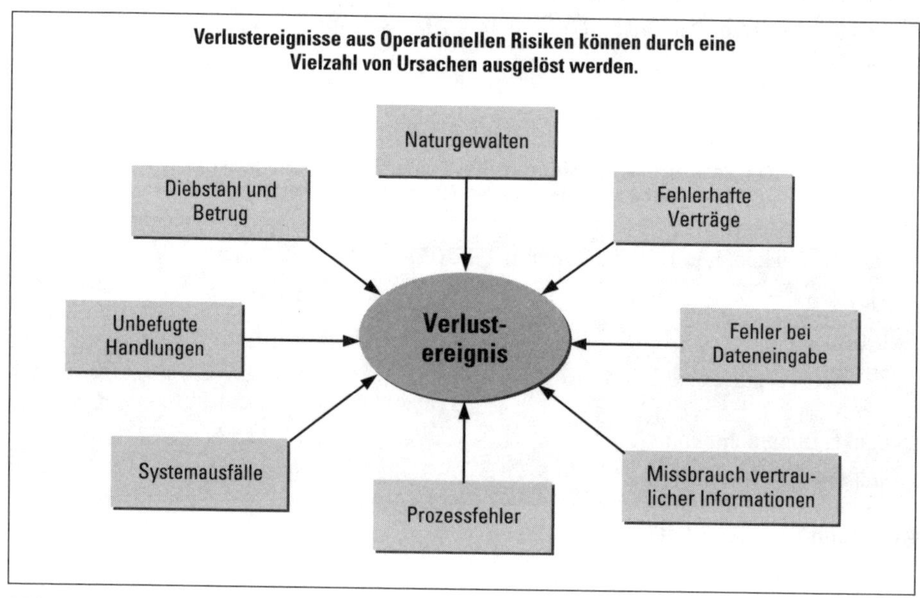

Abbildung 18: Verlustursachen

- Balance: Verschiedene Kategorien auf gleicher Aggregationsstufe sollten eine vergleichbare Granularität aufweisen.

Die erste mögliche Betrachtungsebene bilden die Ursachen, die zum Eintritt der Risikoereignisse geführt haben (teilweise auch Risikotreiber genannt). Diese werden – in Anlehnung an die Definition Operationeller Risiken – oft in Personen, System, Prozesse und externe Einflüsse unterteilt. Problematisch bei der Ursachenkategorisierung ist die Tatsache, dass oftmals keine einzelne Ursache identifiziert werden kann (Multikausalität beziehungsweise Ursache-Wirkungs-Ketten). Vielfach ist eine detaillierte Ursachenanalyse für signifikante Verluste, die zur Einleitung von Maßnahmen zu deren Abstellung führt, zielführender als die mitunter zeitraubende Suche nach einer passenden Ursachenkategorie.

Die zweite Ebene besteht aus einer Kategorisierung der Verlustereignisse selbst (zum Beispiel Fehleingabe, Systemausfall, externer Betrug). Diese Vorgehensweise hat sich zwischenzeitlich als für Identifikation und Messung am praktikabelsten herausgestellt, da die Zuordnung zu einer einzigen Kategorie – bis auf wenige Ausnahmefälle – einfach möglich ist. Ferner bieten Auswertungen nach Ereignisklassen Ansatzpunkte für gezielte Maßnahmen. Ereigniskategorien sollten bankindividuell erarbeitet werden, so dass sie das Risikoprofil widerspiegeln und für alle Mitarbeiter verwendbar sind. Als Nebenbedingung müssen sie alle möglichen Risiken umfassen und überschneidungsfrei sein.

Die bankintern festgelegte Ereigniskategorisierung muss in die Baseler Event types überführbar sein, um so der Anforderung zu genügen, Verlustdaten in der aufsichtlichen Struktur berichten zu können.

Als dritte Ebene einer Kategorisierung ist die Einteilung der finanziellen Auswirkungen der Risikoereignisse in buchhalterischen Klassen (Effekte) möglich. Bei

Tabelle 5: Beispiel für Ereigniskategorien (FEDOR)

Policy	Staff Retention
Processing	Employer Failure
Product	Unauthorized Conduct
Outsourcing	Unlawful Internal Activities
Legal & Documentation	External Crime
Technology Infrastructure	Vendors & Suppliers
Hardware and Software	Natural Disasters
IT Security	Man-Made or Acc. Disasters
Technology in Buildings	Corporate Culture Project Management

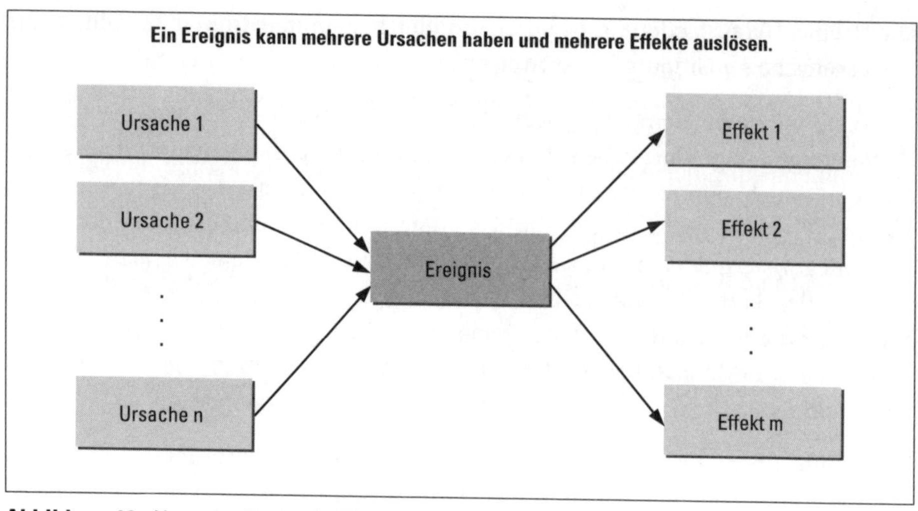

Abbildung 19: Ursache-Ereignis-Effekt

geeigneter Ausgestaltung solcher Kategorien ist ein Abgleich mit entsprechenden Verlustkonten und somit eine Plausibilisierung der erfassten Verluste (siehe nächstes Kapitel) möglich. Hierbei ist zu beachten, dass aus einem Ereignis mehrere Verluste resultieren können.

Organisationsstruktur

Keine Bank wird sich für das Management Operationeller Risiken umstrukturieren, aber eine für die Zwecke der Operationellen Risiken praktikable Bankstruktur muss definiert werden. Aufgrund der Tatsache, dass die Mehrzahl der Operationellen Risiken die Bankprozesse direkt oder indirekt beeinträchtigen, ist grundsätzlich eine Prozesssicht sinnvoll. Dies scheitert in der praktischen Umsetzung jedoch häufig daran, dass keine Prozessverantwortlichen festgelegt sind, oder diese nicht hinreichend risiko- bzw. performancebezogen vergütet werden. Da das Hauptziel des Managements und Controllings Operationeller Risiken die Auslösung von Handlungen zur Risikobewältigung sein sollte, ist in solchen Fällen eine Orientierung an aufbauorganisatorischen Strukturen zielführender. Vereinzelt sind am Markt auch Ansätze basierend auf generischen Prozessschritten zu finden, welche die Vergleichbarkeit von Risikoprofilen zwischen einzelnen Geschäftsfeldern erleichtern. Aus den genannten Gründen wird in der Praxis üblicherweise eine Unterteilung in Organisationseinheiten bevorzugt. Dabei bietet sich eine mehrstufige Struktur an, um den Datenanforderungen einerseits und der Möglichkeit zur Auswertung (beispielsweise für sophistizierte Quantifizierungsmodelle) andererseits gerecht zu werden.

Die größte Herausforderung bei der Abbildung der Bankstruktur besteht in der Anpassung an Umstrukturierungen, so dass eine konsistente Historie an Verlustdaten, Risk Assessments sowie Indikatoren aufgebaut werden kann. Im Falle des vollständigen Zusammenlegens einzelner Organisationseinheiten oder Prozesse (Zusammenlegung der Abteilungen B2 und B3 im Beispiel) sollte die automatische Neuzuordnung historischer Daten möglich sein, die Aufteilung einzelner alter Strukturbestandteile auf mehrere neue (Teilung der Abteilung A1 in die Abteilungen A11 und A12 im Beispiel) erfordert in der Regel eine manuelle Zuteilung.

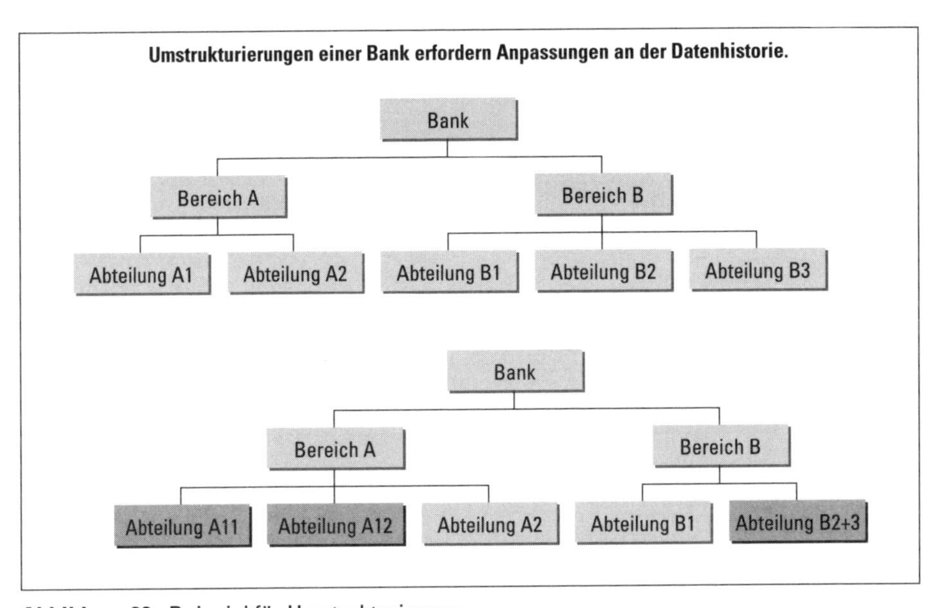

Abbildung 20: Beispiel für Umstrukturierung

Auch die Bankstruktur muss in die aufsichtsrechtliche Unterteilung überführbar sein. Dies dient analog zur Risikokategorisierung einerseits zur Meldung von Verlustdaten in aufsichtsrechtlichem Format (siehe die erste Ebene der untenstehenden Tabelle), andererseits zur Sicherstellung der Anforderung, den Bruttoertrag zur Berechnung des Standardansatzes in den aufsichtsrechtlichen Geschäftsfeldern ermitteln zu können.

Tabelle 6: Baseler Business lines

Ebene 1	Ebene 2
Unternehmensfinanzierung/-beratung (Corporate Finance)	Unternehmensfinanzierung/-beratung
	öffentliche Haushalte
	Handelsfinanzierungen
	Beratungsgeschäft
Handel (Trading & Sales)	Kundengeschäfte
	Market Making
	Eigenhandel
	Treasury
Privatkundengeschäft (Retail Banking)	Massengeschäft
	Private Banking
	Kartenservices
Firmenkundengeschäft (Commercial Banking)	Firmenkundengeschäft
Zahlungsverkehr und Abwicklung	Externe Kunden, Dritte
Depot- und Treuhandgeschäft (Agency Services)	Depot, Verwahrung
	Treuhändergeschäft
	Stiftungen
Vermögensverwaltung (Asset Management)	gebundene Vermögensverwaltung
	freie Vermögensverwaltung
Wertpapierprovisionsgeschäft (Retail Brokerage)	Ausführung von Wertpapieraufträgen

5.3 Loss Data

Verlustdaten geben die historische Erfahrung eines Finanzinstituts hinsichtlich eingetretener Ereignisse aus Operationellen Risiken und den damit verbundenen finanziellen Konsequenzen wieder und reflektieren somit das bislang realisierte Risikopotenzial. Die Sammlung interner Verlustdaten sowie die Beschaffung externer Verlustdaten stellt eine wertvolle Grundlage zur Identifizierung und Bewertung Operationeller Risiken dar. Eine Verlustdatenbank macht bestehende Risiken transparent, unterstützt die zielgerichtete Einleitung risikoreduzierender Maßnahmen und bildet eine wichtige Ausgangsbasis zur Quantifizierung Operationeller Risiken. Schließlich ist die Verlustdatensammlung eine qualitative Anforderung des Standardansatzes; die Aufsicht behält sich das Recht vor, Einblick in die Verlustdatenhistorie zu nehmen.

Dabei ist zu bemerken, dass Operationelle Risiken sowohl in der Form von leicht beobachtbaren „high frequency – low severity"-Verlusten als auch als schwer beobachtbare „low frequency – high severity"-Verluste auftreten können.

5.3.1 Interne Verlustdaten

Ereignisse aus Operationellen Risiken, die GuV-wirksame Verluste nach sich ziehen, sind grundsätzlich mehrheitlich in der Dokumentation eines Finanzinstituts, insbesondere in Form von Aufwandsbuchungen, zu finden. Allerdings ist es im Regelfall sehr schwierig, die Buchungen aus Operationellen Risiken von den Buchungen zu trennen, welche keinen Risikocharakter haben. Dies rührt vor allem daher, dass in der Regel keine einheitlichen Aufwandskonten für die Verbuchung von Verlusten benutzt werden und die Buchungstexte oft keinen hinreichenden Rückschluss auf die Herkunft der Buchung zulassen. Angesichts der sehr hohen Zahl von Aufwandsbuchungen insgesamt ist es somit oft nicht möglich, auf Einzelfallbasis die Buchungsgründe zu rekonstruieren. In einigen Fällen werden sogar bewusst oder unbewusst Verluste aus Operationellen Risiken mit Erträgen saldiert oder als Stornobuchungen auf Ertragskonten verbucht. Weitere vorhandene Quellen für Verluste aus Operationellen Risiken sind daher Revisionsberichte, Vorstandsprotokolle, Reklamationsdatenbanken etc.

Verlustdatensammlungsprozess
Da vorhandene Quellen wie beschrieben in der Regel nicht ausreichend sind, um eine weitgehend vollständige Verlustdatenhistorie aufzubauen, müssen bankinterne Verluste durch einen speziellen Sammlungsprozess erhoben werden. Dabei ist zu ermitteln, wann in welchem Teil der Bank welche Art von Verlustereignis mit welchen finanziellen Auswirkungen eingetreten ist.

Im Sammlungsprozess für Verlustdaten muss sichergestellt werden, dass möglichst alle aufgetretenen Verluste zeitnah gemeldet werden. Um den Erhebungsaufwand in Relation zum damit verbundenen Nutzen zu begrenzen, werden üblicherweise Bagatellegrenzen für die Erhebung definiert. Diese bewegen sich in der Mehrzahl der Banken zur Zeit zwischen 500 € und 10.000 €.

Zunächst muss festgelegt werden, welche Arten von Verlustereignissen zu erfassen sind. Beispielsweise sollten direkte Verluste und Rückstellungen vollumfänglich im Rahmen der Bagatellegrenze erfasst werden, während indirekte Verluste, entgangene Gewinne (Opportunitätskosten) sowie Beinaheverluste naturgemäß kaum vollständig und somit nur auf freiwilliger Basis erfasst werden können.

Zur Verlustdatensammlung müssen alle Mitarbeiter der Bank über ihre Pflichten bei der Entdeckung und Meldung von Verlusten aus Operationellen Risiken wirksam unterrichtet und insbesondere geschult werden. Es ist zudem sinnvoll, ausgewählte Mitarbeiter pro Bereich mit vertieftem Wissen über Operationelle Risiken auszustatten und als Erfasser zu etablieren. Die eingegebenen Informationen müssen gemäß dem Vier-Augen-Prinzip von einer zweiten Person überprüft und gegebenenfalls um fehlende Informationen ergänzt werden. Dabei spielen Spezialbereiche wie Rechnungswesen oder Versicherungsabteilung, die beispielsweise Buchwerte beschädigter oder gestohlener Vermögenswerte und die Höhe von Versicherungsleistungen zuliefern, eine wichtige Rolle. Ein weiterer Bestandteil eines Verlustdatensammlungsprozesses ist eine zentrale Qualitätssicherung, die für Rückfragen seitens der Erfasser zur Verfügung steht und die Konsistenz und Vollständigkeit der erfassten Informationen überprüft.

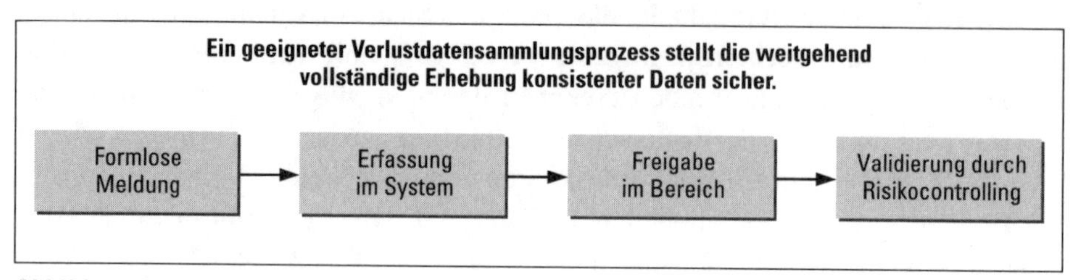

Abbildung 21: Verlustdatensammlungsprozess

Mindestumfang der Verlustdatensammlung
Mindestens zu erfassen sind folgende, untenstehend näher beschriebenen Informationen:

- Organisationseinheit/Prozess: Verursacher bzw. Betroffener.
- Risikokategorie: Einteilung nach Ereignis, gegebenenfalls zusätzlich nach Ursache und Effekt.
- Datum: Ereigniseintritt, zusätzlich gegebenenfalls Datum der Entdeckung, Erfassung, Verbuchung.
- Verlustbetrag: Nettobetrag, Bruttobetrag, gegebenenfalls auch Versicherungsleistungen.

Organisationseinheiten bzw. Prozesse müssen je nach Struktur zugeordnet werden, um ein effektives Management der Risiken zu ermöglichen. Dabei ist grundsätzlich diejenige Einheit zu erfassen, die gemäß dem Verursacherprinzip am ehesten die Möglichkeit hat, zukünftige ähnlich gelagerte Verluste zu vermeiden. Naturgemäß gibt es Verluste, die außerhalb des Einflussbereichs der Bank entstanden sind und deren Eintreten somit nicht kontrolliert werden kann (wie beispielsweise terroristische Anschläge, Naturkatastrophen). In solchen Fällen ist die zu erfassende Organisationseinheit eher im Sinne eines Betroffenen zu sehen.

Ein besonderer Fall tritt auf, wenn die verursachende Einheit ein Cost- oder Service-Center ist. In diesen Fällen ist es der Einheit zwar möglich, das zukünftige Auftreten ähnlich gelagerter Verlustfälle zu beeinflussen. Im Rahmen üblicher risiko-ertragsorientierter Banksteuerungskonzepte werden solche Einheiten jedoch in der Regel nicht mit ökonomischem Kapital ausgestattet, da ihnen die Möglichkeit der Verzinsung des Kapitals durch entsprechende Ertragsgenerierung fehlt. Daher bietet es sich an, in solchen Fällen zusätzlich einen oder mehrere Träger festzulegen, welchen die Verluste bei der Ermittlung eines ökonomischen Kapitals zugeschlüsselt werden. Im Falle von bereichsübergreifenden Serviceleistungen kann eine prozentuale Verteilung analog der üblichen Kostenentlastungsschemata zielführend sein. Alternativ kann eine Verrechung über interne Service Level Agreements erfolgen.

Die Risikokategorisierung ist zum Erkennen von Mustern im Auftreten von Verlustereignissen und somit zur gezielten Maßnahmenauswahl nützlich. Ferner ist sie zur effizienten Verwendung in der Quantifizierung sowie zur Erfüllung von Reportinganforderungen seitens der Aufsicht erforderlich.

Die Datumsangabe ist ebenfalls zur Modellierung, aber auch zur Ermöglichung eines Abgleichs mit anderen Datenquellen, insbesondere Aufwandskonten, erforderlich. Oft ist das Ereignisdatum nicht rekonstruierbar beziehungsweise das Ereignis hat sich über einen längeren Zeitraum erstreckt (beispielsweise bei Betrugsfällen). In solchen Fällen ist hilfsweise das Datum verwendbar, an dem das Ereignis erkannt bzw. erfasst wurde. Interessante Informationen können aus der Zeitspanne zwischen Auftreten und Entdecken eines Ereignisses bzw. zwischen Entdecken und Meldung gewonnen werden.

Eine der wichtigsten Informationen ist naturgemäß die monetäre Konsequenz aus dem Verlustereignis. Dabei ist zu beachten, dass aus einem Ereignis mehrere GuV-wirksame Zahlungen resultieren können. Ein Beispiel hierfür ist der Ausfall eines zentralen IT-Systems, welcher zu Zinsverlusten der Bank, Schadenersatzzahlungen an die Kunden sowie Aufwendungen für die erneute Ingangsetzung des Systems führen kann. Grundsätzlich kann zwischen Brutto- und Nettoverlusten unterschieden werden. Bruttoverlust ist dabei der Verlustbetrag vor jedweder Rückführung oder Kompensations- bzw. Versicherungszahlung. Sofern über direkte Verluste hinausgehende Fälle wie beispielsweise entgangene Gewinne und Beinaheverluste erfasst werden sollen, ist eine entsprechende Differenzierung der Erfassung für die spätere Auswertung erforderlich.

In einzelnen Fällen kann ein Verlust aus einem Vorgang resultieren, der bisher allein als Marktrisiko- bzw. Kreditrisikoverlust erfasst wurde. Hierzu zählen Kursverluste durch unautorisierte Handelspositionen oder Kreditausfälle, bei denen die Sicherheit aufgrund bankinterner Fehler nicht beigetrieben werden kann. In solchen Fällen ist, nicht zuletzt zur Erfüllung zukünftiger aufsichtsrechtlicher Anforderungen, sowohl in der Verlustdatenbank des Operationellen Risikos als auch in der entsprechenden Datenbank der Marktrisiko- bzw. Kreditrisikoseite eine entsprechende Kennzeichnung vorzunehmen. Idealerweise drückt diese Kennzeichnung den absoluten oder relativen Anteil des Verlustes aus, welcher zusätzlich in der Kreditausfallhistorie aufgezeichnet ist.

Erfassung ergänzender Informationen

Darüber hinaus sind ergänzende Informationen, insbesondere eine Beschreibung, welche die Plausibilisierung der übrigen Angaben erleichtert, hilfreich. Aus Beschreibungen lassen sich auch wertvolle Informationen zu einer Szenarioanalyse ableiten. Ferner kann es sinnvoll sein, bereits bei der Erfassung von Verlusten Vorschläge zur zukünftigen Vermeidung ähnlich gelagerter Vorfälle aufzunehmen. Sollten zwingend Maßnahmen zur Behebung der Umstände erforderlich sein, die zum Eintreten des Verlustes geführt haben, ist eine entsprechende Information sinnvoll. Die Umsetzung kann dann später dagegen abgeglichen werden.

Bei der Anzahl der zu erfassenden Informationen sollte berücksichtigt werden, dass ein Trade-off zwischen Qualität und Quantität der Einzelinformationen besteht. Je höher die Anzahl der abgefragten Einzelinformationen und damit der Zeitaufwand zur sachgerechten Beantwortung ist, desto geringer wird die Qualität der erfassten Daten sein.

Anreize zur Verlustdatensammlung

Grundvoraussetzung für eine funktionsfähige Verlustdatensammlung ist eine adäquate Risikokultur, welche die Meldung von Risikoereignissen fördert.

Im Gegensatz zu Markt- und Kreditrisiken, die im Wesentlichen auf objektiven, außerhalb des Einflussbereichs der Bank und des einzelnen Mitarbeiters befindlichen Faktoren (zum Beispiel Wechselkursschwankungen, Ausfallraten) beruhen, sind Verluste aus Operationellen Risiken oft durch Mitarbeiter (vorsätzliche oder fahrlässige Fehler) verursacht. Naturgemäß gibt es Anreize, die Folgen von eigenem Fehlverhalten oder Unzulänglichkeiten nicht zu berichten.

Nicht zuletzt belohnen Bonussysteme für Erträge, bestrafen jedoch nicht hinreichend für Kosten, die beispielsweise durch Verluste aus Operationellen Risiken entstehen können. Zwischen der Anzahl und Höhe aufgetretener Verluste und dem errechneten Risikokapital besteht ein komplexer Zusammenhang. Intuitiv wird jedoch eine höhere Anzahl von Verlusten mit höherem Risikokapital in Verbindung gebracht, welches ceteris paribus zu niedrigeren Risiko-Ertrags-Kennzahlen und somit geringerem Bonus führt. Somit ist die Offenheit im Umgang mit Verlusten aus Operationellen Risiken gefährdet.

Zur Kompensation für diesen Wirkungsmechanismus sind daher Anreize in das System zum Management Operationeller Risiken einzubauen. Mikroökonomisch betrachtet muss der Erwartungsnutzen der Meldung von Verlusten (einschließlich eventuell damit verbundener Repressalien) höher sein als der Erwartungsnutzen des Unterlassens der Meldung (einschließlich der daraus resultierenden Strafen bei Entdeckung):

$$U\,(Nicht\ melden) \leq U\,(Melden)$$

Unter der Annahme, dass eine Bestrafung die Entdeckung voraussetzt (Fine Given Discovery *FGD*) und dass diese mit einer gewissen Wahrscheinlichkeit (Probability of Discovery *PD*) erfolgt sowie die Meldung mit einem Anreiz versehen ist (Incentive for Reporting *IR*), kann die obenstehende Formel wie folgt umgeformt werden:

$$U\,(PD \times FGD) \leq U\,(IR)$$

Somit hängt der Erfolg eines Anreizsystems vom zielgerichteten Management der drei Einflussfaktoren *PD*, *FGD* und *IR* ab.

Zur Erhöhung der Wahrscheinlichkeit der Entdeckung *PD* können Kontrollen durch das zentrale Risikocontrolling oder die interne Revision verstärkt werden. Diese Maßnahme ist naturgemäß durch die dadurch verursachten Kosten sowie dem möglichen negativen Einfluss auf das Betriebsklima beschränkt.

Die Höhe der Bestrafung *FGD* kann durch das Risikocontrolling festgesetzt werden, wobei hierzu eine starke Rückendeckung durch den Vorstand erforderlich ist und die eigentlich gewünschte Risikokultur nicht durch eine Kultur der Angst ersetzt werden darf.

Die Risikokultur ist schließlich der zentrale Erfolgsfaktor für die Komponente *IR*. Einerseits muss sichergestellt werden, dass aus der Meldung eines Verlusts keine Sanktionen drohen, andererseits sollte darüber hinaus eine Belohnung für die Mitwirkung bei der Verlustdatensammlung in Aussicht gestellt werden. Zentrale Komponenten solcher Belohnungen sind Vorbild, Anerkennung und Lob; bei Schlüsselpersonen im Verlustdatensammlungsprozess sollte darüber hinaus die Aufgabe in dem in den meisten Banken verbreiteten Zielvereinbarungs-/Zielerreichungssystem verankert werden.

Darauf aufbauend muss der Verlustdatensammlungsprozess eine weitestgehend vollständige und konsistente Datenerhebung sicherstellen. Hierzu gehört eine umfassende, verständliche Richtlinie einschließlich der Beschreibung der Aufgaben und Verantwortlichkeiten aller Beteiligten sowie der Eskalationswege. Freigabeverfahren gestaffelt nach Verlusthöhe tragen zu einer hohen Datenqualität bei. Zusätzlich muss eine zentrale Qualitätssicherung Plausibilitäts- und Vollständigkeitskontrollen durchführen, beispielsweise durch Vergleich mit Revisionsberichten, Indikatoren sowie externen Informationen. Die interne Revision muss neben dem Prozess zum Management Operationeller Risiken insgesamt insbesondere den Verlustdatensammlungsprozess stichprobenartig prüfen.

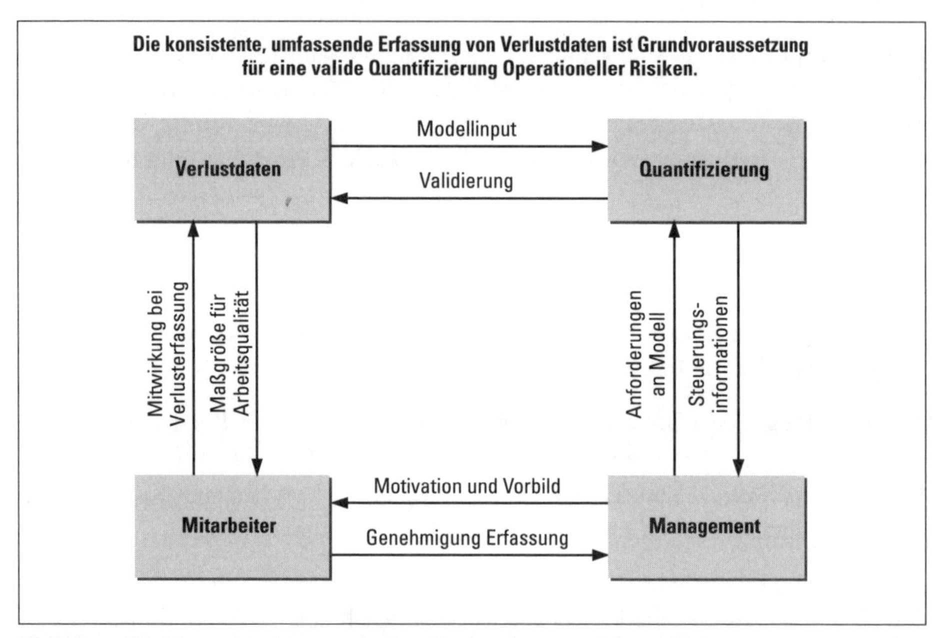

Abbildung 22: Zusammenhang zwischen Verlustdaten und Quantifizierung

Ferner kann ein Abgleich mit den Salden entsprechender Verlustkonten durchgeführt werden. Hierzu ist es zielführend, Buchungsinformationen in der Verlustdatenbank aufzunehmen (angesprochene Konten mit Beträgen und Buchungsdatum) und umgekehrt Referenznummern auf Einträge in der Verlustdatenbank in den Buchungstext zu übernehmen. Zu prüfen ist, ob alle in der Verlustdatenbank erfassten Verluste korrekt verbucht wurden und ob umgekehrt zu jeder Buchung mit Bezug zu Operationellen Risiken ein Eintrag in der Verlustdatenbank vorliegt. Diese Analyse wird dadurch erschwert, dass sowohl die Erfassung in der Verlustdatenbank als auch die Verbuchung üblicherweise mindestens einige Tage und oft einige Wochen nach Entdeckung eines entsprechenden Verlustereignisses vorgenommen werden und somit die Periodenabgrenzung zwischen Kontenbewegungen und Bestand in der Verlustdatenbank nicht trivial ist. Die erfolgreiche stichprobenartige Validierung der Verlustdatensammlung über Verlustkonten erfordert einen längeren Lernprozess, da Mitarbeiter zur Verwendung korrekter Aufwandskonten, Erfassung sprechender Buchungstexte und ggf. Referenznummern angehalten werden müssen.

In ähnlicher Weise kann ein Abgleich zwischen gemeldeten Verlusten und erhaltenen Versicherungsleistungen durchgeführt werden.

5.3.2 Externe Verlustdaten

Typischerweise sind hohe Verluste selten, jedoch für die Ermittlung potenzieller Risiken wesentlich. Somit ist eine interne Verlustdatensammlung per definitionem nur ein kleiner Ausschnitt aus dem Universum möglicher Verluste. Daher bietet sich die Verwendung externer Erfahrungen – ähnlich wie in der Versicherungswirtschaft bei der Tarifierung von Sachversicherungen – an.

Grundsätzlich sind zwei Quellen für externe Informationen möglich:

Data sharing
Data sharing-Initiativen führen die intern gesammelten Verlustdaten der Mitgliedsinstitute in anonymisierter Form zusammen. Dazu ist neben einer Festlegung des Umfangs Operationeller Risiken die Vereinbarung einer gemeinsamen Struktur (Organisationseinheiten und Risikokategorisierung) erforderlich, das heißt interne Daten müssen in diese Struktur übergeleitet werden, von der Data sharing-Initiative erhaltene Daten in der Regel wiederum auf die interne Struktur angepasst werden, was zwangsläufig zu Informationsverlusten führt. Trotz theoretischer Vorteile aus der Bildung von Datenpools sind bislang nur vereinzelt Initiativen dieser Art mit einer sehr begrenzten Anzahl von Mitgliedern gegründet worden. Hauptgründe hierfür sind insbesondere Bedenken hinsichtlich Vertraulichkeit sowie der nicht durchgängig erkennbare Nutzen (beispielsweise angesichts einer zumindest anfänglich nicht einheitlich guten Datenqualität).

Offen ist zur Zeit die Frage, ob der Schwerpunkt des Datenaustausches auf quantitativen Informationen (Datum und Höhe des Verlusts und Zuordnung zu Organisationseinheiten und Risikokategorien) oder auf qualitativen Informationen (Beschreibung des Ereignisses und dessen Ursachen und Hintergründe) liegen soll.

Während Ersteres für eine klassisch versicherungsmathematische Vorgehensweise (Credibility Theory, siehe Abschnitt 5.7) nützlich sein kann, steht bei Letzterem die Erarbeitung von Szenarien ausgehend von den zur Verfügung stehenden Informationen im Vordergrund. Bei rein quantitativen Daten (wie in den diversen Quantitative Impact Studies bzw. Loss Data Collection Exercises vom Baseler Ausschuss praktiziert) stellt sich das Problem der Anpassung externer Daten an die Gegebenheiten des verwendenden Instituts (Größe, Geschäftsmodell, Prozess- und Systemlandschaft, Unternehmenskultur, rechtliches Umfeld). Die teilweise praktizierte Methodik der Skalierung der Verlusthöhe basierend auf Ertrags-, Kosten- oder Umsatzzahlen erscheint angesichts der komplexen Wirkungszusammenhänge Operationeller Risiken fragwürdig. Bei der eher qualitativen Ausrichtung von Data sharing-Initiativen rückt das Problem der Anonymität beziehungsweise Vertraulichkeit der Daten in den Vordergrund.

Die Ergebnisse der Quantitative Impact Studies (QIS) bzw. Loss Data Collection Exercises der Bank for International Settlement (BIS) zeigen typische Probleme der Verlustdatensammlung (sehr ungleiche Verteilung der Daten).

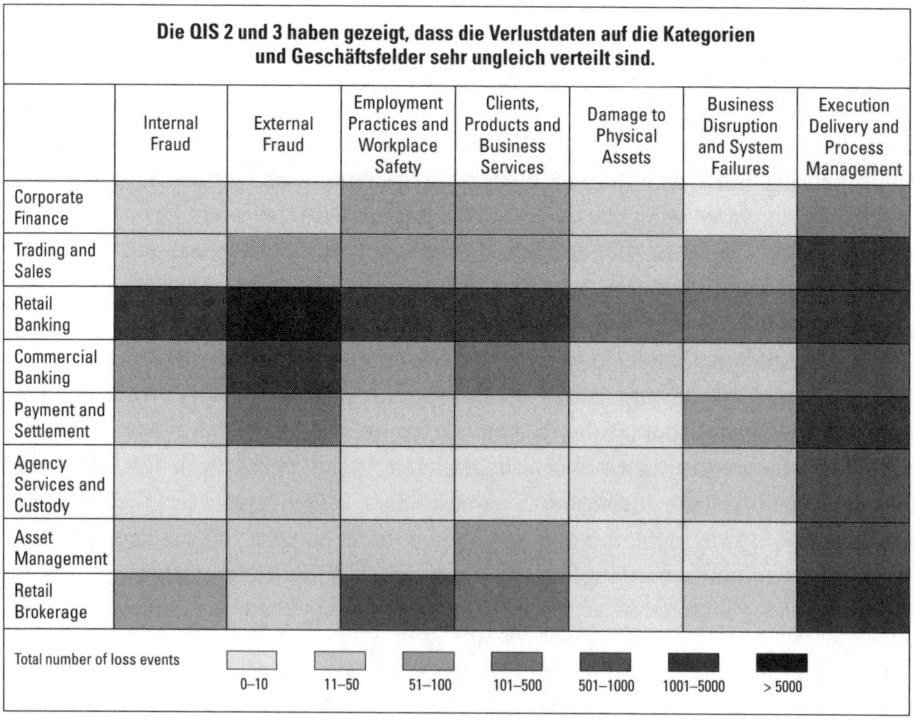

Die QIS 2 und 3 haben gezeigt, dass die Verlustdaten auf die Kategorien und Geschäftsfelder sehr ungleich verteilt sind.

	Internal Fraud	External Fraud	Employment Practices and Workplace Safety	Clients, Products and Business Services	Damage to Physical Assets	Business Disruption and System Failures	Execution Delivery and Process Management
Corporate Finance							
Trading and Sales							
Retail Banking							
Commercial Banking							
Payment and Settlement							
Agency Services and Custody							
Asset Management							
Retail Brokerage							

Total number of loss events: 0–10, 11–50, 51–100, 101–500, 501–1000, 1001–5000, > 5000

Abbildung 23: Verteilung der Verluste gemäß QIS 3

An dieser Stelle sollen zwei konkurrierende Datenkonsortien mit unterschiedlichen Ansätzen erwähnt werden. Die Operational Riskdata eXchange (ORX) ist ein weltweiter Zusammenschluss einiger Großbanken (zwölf Gründungsmitglieder) mit hohen qualitativen Ansprüchen. Demgegenüber ist die Global Operational Risk Loss Database (GOLD) ein von der British Bankers' Association initiierter Versuch, mit bewusst niedrigen qualitativen Standards zu niedrigen Kosten eine größere Anzahl von mehrheitlich englischen Banken zusammenzuschließen. Bestrebungen zur Gründung weiterer Konsortien sind beispielsweise in Deutschland (Verband öffentlicher Banken VÖB), Luxemburg (Association des Banques et Banquiers de Luxembourg ABBL) sowie Italien (Associatione Bancari Italia ABI) zu beobachten. Obgleich der Wunsch nach Bildung homogener Datenpools verständlich ist, besteht die Gefahr, dass keine der Bestrebungen eine hinreichende Zahl an Mitgliedern anzieht und somit die kritische Masse zur Gewinnung statistisch valider Aussagen fehlt.

Externe öffentliche Daten
Die zweite Datenquelle sind externe öffentliche Verlustdaten. Diese können entweder von jedem Institut selbst gesucht oder von kommerziellen Anbietern gekauft werden. Hierzu werden bekanntgewordene Verluste aus Online- oder Print-Medien systematisch herausgesucht und in einem standardisierten Format erfasst. Üblicherweise werden Verluste ab etwa 1 Million € in solchen Datenbanken aufgenommen. Externe öffentliche Verluste repräsentieren naturgemäß lediglich einen kleinen Teil der tatsächlich aufgetretenen Verluste. Nicht alle Risikokategorien sind gleichermaßen vertreten, da einzelne Verlustarten leichter an die Öffentlichkeit gelangen als andere. Da die Informationen regelmäßig nicht aus erster Hand stammen, sind oft auch die gemeldeten Verlustbeträge unzuverlässig. Problematisch ist ferner die Tatsache, dass je nach Kulturkreis und Rechtssystem die Quote gemeldeter Verluste sehr unterschiedlich ist. Dem gegenüber steht der Vorteil, eine große Zahl an worst case-Ereignissen verfügbar zu haben, was aufgrund der Seltenheit des Auftretens bei einem Datenpool eine sehr große Zahl von Mitgliedern und eine lange Zeitspanne der Sammlung erfordern würde. Ergänzend werden auch Datenbanken mit Informationen zu Versicherungsleistungen für Ereignisse Operationeller Risiken angeboten.

Zusammenspiel der einzelnen Datenquellen
Aufgrund der Eigenheiten der Operationellen Risiken haben zunächst alle drei Datenquellen ihre Existenzberechtigung. In gewissem Umfang kann dabei eine Analogie zu der Aufgabe, anhand empirischer Informationen die Gewinnmöglichkeiten eines Lotteriesystems zu ermitteln, gezogen werden.

Zunächst könnte man vergleichbar der internen Verlustdatensammlung hierzu eine große Anzahl an Lottospielern nach ihrem Gewinn im letzten Spiel befragen. Aus dieser Information könnte man zwar eine recht gute Schätzung der Gewinnwahrscheinlichkeit (Anzahl Gewinne pro Anzahl Lottospieler) gewinnen, die Chance, eine realistische Größe für den durchschnittlichen Gewinn oder sogar einen hohen Gewinn im Sinne eines Quantils abzuleiten ist jedoch gering. Dies liegt – analog zu Operationellen Risiken – daran, dass hohe Gewinne selten sind, diese jedoch die Form der Verteilung der Gewinnhöhe und somit deren Mittelwert und Quantile signifikant beeinflussen. Ferner ist davon auszugehen, dass die Datenerhebung fehlerhaft ist, da einerseits einzelne Lottospieler aus psychologischen Gründen einen Gewinn vortäuschen werden, andererseits jedoch möglicherweise hohe Gewinne aus Anonymitätsgründen verschweigen.

Als zweite Informationsquelle stehen Medienberichte über hohe Gewinne zur Verfügung. Diese geben Aufschluss über best case-Ereignisse, jedoch ist auch diese Information qualitativ problematisch, da nur über einen kleinen Teil der tatsächlichen Hauptgewinne in der Presse berichtet wird.

Schließlich sind in Analogie zu Data sharing-Initiativen Gewinnquoten und ähnliche Informationen verfügbar, bei denen auch ersichtlich ist, aus welchem konkreten Lotteriesystem die Daten stammen.

Interne Verlustdaten geben insbesondere einen Anhaltspunkt für die Häufigkeit sowie die typische Schwere von Verlusten aus Operationellen Risiken. Externe öffentliche Verluste repräsentieren zumeist worst-case-Verluste während Verluste

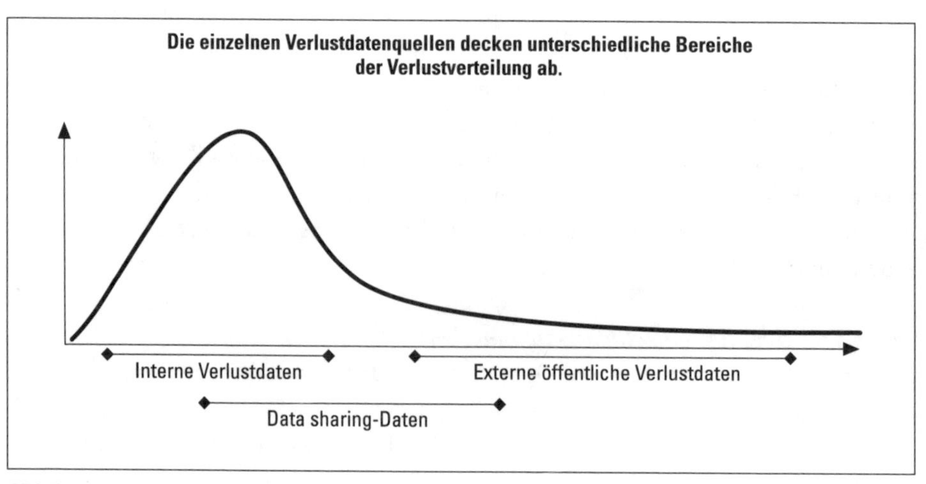

Abbildung 24: Abdeckung der einzelnen Verlustdatenquellen

aus Data sharing-Initiativen aller Annahme nach die Mitte der Verlustverteilung abdecken können.

Wie in Abschnitt 5.7 eingehend erläutert, führt der Trend in vielen Banken mittlerweile weg von der Verwendung externer Daten im Sinne von Datenpunkten einer Verteilung. Die Tendenz geht zu der Verwendung dieser externen Daten als Ausgangsbasis für eigene Szenarioanalysen, die individuellen Gegebenheiten der jeweiligen Bank hinsichtlich Produkten, Prozessen, Systemen und Standorten Rechnung tragen können.

5.3.3 Szenarioanalysen

Wie im vorangehenden Abschnitt geschildert, sind seltene, hohe Verluste für eine adäquate Abschätzung des Risikopotenzials wichtig, jedoch schwer verfügbar. Interne Daten reflektieren nur zum geringen Teil derartige Verluste, und externe Daten beziehen sich auf möglicherweise fundamental unterschiedliche Verhältnisse in entsprechenden Instituten (Unterschiede hinsichtlich Produkten, Prozessen, Systemen und Personal und ihrer konsistenten Kategorisierung).

Daher wird versucht, seltene, hohe Verluste nicht oder nicht nur durch historische Daten, sondern durch strukturierte Analyse und Bewertung von Situationen mit Risikopotenzialen zu erfassen. Dieses Verfahren wird Szenarioanalyse genannt.

Eine ähnliche Fragestellung ist für strategische Entscheidungen insbesondere im produzierenden Gewerbe relevant, wo mögliche Zukunftsszenarien (beispielsweise hinsichtlich der Entwicklung von Absatzmöglichkeiten und Konkurrentenverhalten) entwickelt und hinsichtlich ihrer Eintrittswahrscheinlichkeit und Auswirkung untersucht werden. Ein bekanntes Verfahren dieser Art ist die Delphi-Methode, mit der durch strukturierte, mehrstufige Befragung von Expertenteams Aussagen gewonnen werden. Szenarioanalysen können in Abhängigkeit von der konkreten Methodik enge Berührungspunkte mit Risk Assessments (siehe Abschnitt 5.4) haben.

Grundsätzlich wird unterschieden, ob best case-, likely case- oder worst case-Szenarien Gegenstand der Untersuchung sein sollen. Im Falle Operationeller Risiken stehen üblicherweise worst case-Szenarien im Vordergrund.

Die Erfahrungen von Finanzinstituten mit Szenariotechniken sind bislang gering. Ein erster Schritt bei der Szenarioanalyse kann ein Brainstorming solcher Situationen sein, in denen signifikante Risiken vermutet werden (beispielsweise Ausfall kritischer Systeme, Nichtverfügbarkeit einer größeren Anzahl von Mitarbeitern, terroristischer Anschlag). Die Ereigniskategorisierung kann dabei als hilfreicher Ausgangspunkt für derartige Untersuchungen dienen. Ferner können sowohl interne Verluste als auch externe Daten als Informationsquelle genutzt werden. Ein Beispiel hierfür ist die Analyse der Auswirkungen eines Systemausfalls von kurzer Dauer, und darauf basierend eine Prognose, ob dieses Ereignis im Falle einer längeren Dauer zu signifikanten Verlusten geführt hätte. Einen weiteren Ausgangspunkt zur Szenarioanalyse liefern Beinaheverluste.

Im nächsten Schritt geht es darum, die Situationen soweit zu präzisieren, dass eine Expertenaussage zur Eintrittswahrscheinlichkeit und potenziellen Verlusthöhe möglich wird. Gegebenenfalls müssen im Vorfeld redundante oder für die Betrachtung irrelevante Situationen aus dem Ergebnis des Brainstormings aussortiert werden, um die Effizienz der Bewertung nicht zu gefährden. Im Beispiel des Systemausfalls muss unter anderem festgelegt werden, bei welchen Systemen ein Ausfall angenommen wird, wie lange er dauert und welche Anwendungen, Produkte und Prozesse davon betroffen sind.

Anschließend erfolgt die Auswertung der Szenarien, das heißt die Abschätzung der Häufigkeit beziehungsweise Wahrscheinlichkeit des Eintretens sowie die Schätzung der mit dem Eintritt verbundenen Verlusthöhe.

Schließlich müssen die Szenarien sowie deren Bewertung validiert, zumindest aber plausibilisiert werden. Hierzu kann beispielsweise eine Expertenrunde, die nicht an der Erarbeitung und Bewertung der Szenarien beteiligt war, eine unabhängige Einschätzung vornehmen. Untersuchungsgegenstand ist sowohl die Vollständigkeit und Relevanz der gewählten Szenarien unter der Zielsetzung, alle signifikanten Risiken abzudecken, als auch die Validität bzw. Plausibilität der Bewertungsergebnisse.

Ergänzend zu der oben geschilderten Abschätzung von Häufigkeit und Höhe einzelner Verlustereignisse kann auch die Abhängigkeit des Auftretens verschiedener Verlustereignisse Gegenstand der Szenarioanalyse sein. Dies kann zur Ableitung von Korrelationsannahmen dienen, welche in der Quantifizierung Operationeller Risiken eine Rolle spielen.

5.4 Risk Assessment

Risk Assessment ist eine Methode zur qualitativen Einschätzung und Bewertung Operationeller Risiken. Auch wenn das Ergebnis numerisch sein kann, basiert die Ermittlung auf subjektiven Einschätzungen. Anders als bei Verlustdaten oder Indikatoren ist das Ergebnis also nicht objektiv beobacht-, mess- oder ableitbar.

Andere Bezeichnungen sind Self Assessment, Risk Self Assessment, Risk and Control Assessment etc. Diese unterschiedlichen, teilweise nicht genau belegten Begriffe reflektieren verschiedene Komponenten oder Hauptmerkmale wie Analyse- oder Bewertungsobjekte, Durchführungsmethoden und Beteiligte.

Auch wenn also keine Normen oder allgemein akzeptierte Standards für Risk Assessments bestehen, versteht man darunter insgesamt eine durch Strukturierung und häufig Reduktion auf ein mögliches Ergebnis stark vereinfachte Form von Szenarioanalysen. Risk Assessments werden in Banken in unterschiedlichsten Formen durchgeführt, Marktstandards existieren bislang nicht. Beispielhafte Vorgehensweisen umfassen:

- Fragen zu Risikokomplexen,
- Fragenkataloge zu Einzelrisiken,
- Fragenkataloge zu risikomindernden Maßnahmen (Kontrollen etc.),
- Qualitative Einschätzungen des Risikopotenzials (Wahrscheinlichkeit und Höhen),
- Semi-quantitative Einschätzungen des Risikopotenzials (Wahrscheinlichkeit und Höhen),
- Szenarioanalysen,
- Scorecards.

Im Folgenden soll generell von Risk Assessments als Oberbegriff für alle Varianten dieser Assessments gesprochen werden. Besondere Bezeichnungen werden nur dann verwendet, wenn sie spezifische Elemente der jeweiligen Methode hervorheben.

Risk Assessments dienen der Identifikation und qualitativen Bewertung Operationeller Risiken. Zu den damit verfolgten Zielen zählen:

- Identifikation der für die Bank, den Bereich oder die Abteilung relevanten Risiken,
- Bewertung des Verlustpotenzials bei dem Eintritt identifizierter Risiken,
- Bewertung der Eintrittswahrscheinlichkeit identifizierter Risiken,
- Bewertung der Qualität der Kontrollen und des gesamten Risikomanagementprozesses,
- Analyse der Schwachstellen in Organisation, Prozessen und Systemen,

- Reflektion der Risikolage der Bank zu Steuerungs- und Kontrollzwecken,
- Ableitung zukünftiger Maßnahmen,
- Sensibilisierung der Mitarbeiter für das Wahrnehmen von Operationellen Risiken.

Risk Assessments können nach vier wesentlichen Komponenten beziehungsweise Bestimmungsmerkmalen charakterisiert werden:

- Bewertungsobjekte als die Komponenten, deren Risikogehalt bewertet wird,
- Betrachtungsobjekte und -struktur, als die Komponenten, die eine organisatorische oder anderweitig sinnvolle Abgrenzung der Bewertungsobjekte vornehmen,
- Bewertungsmaßstab als die Dimension, in der bewertet wird,
- Bewerter als die Komponente, die entweder eine Eigen- oder Selbstbewertung vornimmt oder Betrachtungsobjekte bewertet, die nicht dem eigenen Einflussbereich unterliegen.

5.4.1 Bewertungsobjekte

Bewertungsobjekte eines Risk Assessments sind die zu bewertenden Elemente. Dabei handelt es sich um Risiken in Netto- oder Bruttosicht sowie die vorhandenen Kontrollen.

Nettorisiken sind die Risiken, deren Eintritt unter Beurteilung der vorhandenen Gegebenheiten erfolgt. Sie stellen eine bewusst realistische Abschätzung des aktuellen Risikopotenzials unter Berücksichtigung aller vorhandenen Risikomanagementmaßnahmen dar. Dies können prozessimmanente Kontrollen, andere Überwachungsmaßnahmen oder Versicherungen sein. Die Bewertung hat diese in ihrer tatsächlichen Form zu berücksichtigen. Gelegentlich wird hierbei noch unterschieden zwischen einer Bewertung unter Berücksichtigung der tatsächlichen risikomindernden Maßnahmen mit eventuellen Mängeln und einer Bewertung bei idealen Maßnahmen. Dabei wird eine Art Inventur aller relevanten, im Sinne von theoretisch denkbaren Risiken, für ein oder mehrere Betrachtungsobjekte vorgenommen und diese Risiken in ihrer Bedeutung beurteilt. Dies erfolgt zumeist unter Anwendung der Risk Assessment-Matrix, die aus der Definition von gewünschter Betrachtungsebene und Betrachtungsstruktur entsteht.

Bruttorisiken sind eher theoretische Bewertungsobjekte, da sie in der Realität zumeist nicht direkt erkennbar sind, sondern durch ein bereits existierendes System von Kontrollen, Back Up-Maßnahmen, Versicherungen etc. mitigiert werden. Trotzdem ist ihre Identifikation und Bewertung ein sinnvoller und häufig auch notwendiger Schritt eines Risk Assessments. Ihre Analyse expliziert den tatsächlichen Risikogehalt einer Aktivität, Geschäftseinheit oder eines Produktes und zeigt auf, wie sehr das Management der Operationellen Risiken in diesem Bereich von Kontrollen abhängt. Ferner ermöglicht die Betrachtung von Bruttorisiken eine fundierte Entscheidung über den Abbau als ineffektiv identifizierter Maßnahmen.

Wenn in der Nettobetrachtung zwei Prozesse, Produkte oder Geschäftseinheiten das gleiche Risiko aufweisen, aber in der Bruttobetrachtung nicht, wird erkennbar, in welchem Maße beide vom Funktionieren der vorhandenen Maßnahmen abhängig sind. Ihre Identifikation wie Bewertung erfordert Abstraktionsvermögen, da sie unter expliziter Nichtberücksichtigung aller Risikomanagementmaßnahmen ermittelt werden.

Kontrollen oder risikomindernde Maßnahmen können als drittes Objekt in einem Risk Assessment bewertet werden. Dabei wird eine Beurteilung ihrer Eignung hinsichtlich der Mitigierung eines Risikos vorgenommen. Sie können dabei in einem engen Sinne als tatsächliche Kontrollen wie beispielsweise ein Vier-Augen-Prinzip, physische Zugangskontrollen oder Feuermelder verstanden werden. Ebenso können alle vorhandenen risikomitigierenden Maßnahmen wie beispielsweise Outsourcing, Notfallpläne und Versicherungsprogramme berücksichtigt werden. Der Umfang der einzubeziehenden Kontrollen sollte dabei konzeptionell sowohl vom aktuellen Informationsgrad der Beurteiler abhängig gemacht werden als auch davon, in wie weit sie durch das Management der zu bewertenden Einheit beeinflussbar sind. In der Praxis besteht beispielsweise auf Ebene von Gruppen und Bereichen, häufig auch bei Bereichen eine gewisse Unkenntnis über vorhandene Versicherungsprogramme. Oft sind sie nicht oder nur in Grundzügen bekannt. Die Entscheidung für das Abschließen liegt zudem selten im Verantwortungsbereich des jeweiligen Managements. Eine Nichtberücksichtigung würde aber zu einer zu hohen Einschätzung der Auswirkung von Nettorisiken führen. In ein Risk Assessment sind also gegebenenfalls auch entsprechende Fachleute aus dem Versicherungsbereich, der Notfallplanung und IT-Sicherheit einzubeziehen, um ein zutreffendes Bild der Risikosituation zu erhalten.

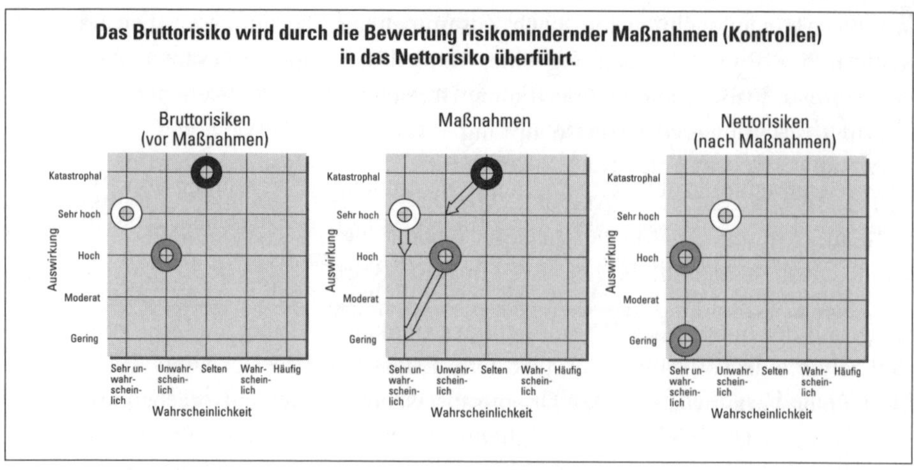

Abbildung 25: Zusammenhang zwischen Brutto-, Nettorisiken und Kontrolle

5.4.2 Betrachtungsobjekt und Betrachtungsstruktur

Betrachtungsobjekte sind organisatorisch oder logisch abgrenzbare Einheiten, in denen eine Betrachtung der Risiken vorgenommen werden soll. Die Betrachtungsstruktur bildet die zweite Betrachtungsebene der Bewertungsobjekte in Form einer Einteilung in Risikokategorien, die die Bewertung durch feinere Untergliederung erleichtern und präzisieren soll. Gemeinsam bilden sie eine Matrixstruktur, der die Bewertungsobjekte zugeordnet werden.

Betrachtungsobjekte eines Risk Assessments können Prozesse oder Teile von ihnen sein, Organisationseinheiten oder Produkte sowie jede andere organisatorisch abgrenzbare Ebene wie Legal entity, Filiale oder räumliche Einheit.

Dabei sind Betrachtungsobjekte zu wählen, welche die Bereiche umfassen, die untersucht werden sollen und dabei die höchste Praktikabilität aufweisen. Dieser Aussage liegt die Tatsache zugrunde, dass ein Betrachtungsobjekt aus Risikosicht zum Beispiel aufgrund seines Umfangs sinnvoll sein kann, aber die Durchführung eines Assessments nicht oder nur mit erheblichen Schwierigkeiten durchführbar ist.

Prozesssicht

Prominentes Beispiel dafür ist die konzeptionell favorisierte Betrachtung von Prozessen gegenüber Organisationseinheiten. Prozesse weisen gegenüber den meisten anderen Betrachtungsobjekten den erheblichen Vorteil auf, entlang der Wertschöpfungskette einer Bank alle relevanten Risiken sowie eventuell vorhandene Kontrollen in einem sachlich logischen Zusammenhang zu umfassen. Die reine und vollständige Prozessbetrachtung einer Bank lässt keinen relevanten Aspekt aus und umfasst insbesondere hoch riskante Bereiche wie Schnittstellen zwischen wesentlichen Bereichen der Wertschöpfung.

Dieses Betrachtungsobjekt ermöglicht eine eindeutige Zuordnung von Risiken zu den jeweiligen Prozessen. Als wesentlicher Vorteil ist zu sehen, dass mögliche Prozessverbesserungen sowohl in ihren Auswirkungen als auch in ihren Kosten direkt zugeordnet werden können. Als wesentlicher Nachteil ist aufzuführen, dass aufgrund der hohen Komplexität heutiger Banken mit einer Vielzahl von Prozessen selten eine vollständige und aktuelle Erfassung dieser existiert. Häufig existiert unter Verantwortung des Organisationsbereichs ein entsprechendes Projekt mit der Zielsetzung, eben diese einheitliche Darstellung bankweit durchzuführen. Zumeist sind aber nur einige Bereiche vollständig und aktuell erfasst. Aufgrund der Komplexität dieser Unternehmung und ihrer zeitlichen Intensität erfolgen organisatorische Veränderungen oft schneller als ihre Dokumentation. Auf entsprechende Prozessdarstellungen kann also für die Zwecke eines Risk Assessments nur selten zurückgegriffen werden.

Alternativ bietet sich eine Prozessdarstellung spezifisch für die Zwecke des Risk Assessments an. Da sie aber grundsätzlich mit den gleichen Problemen kämpfen wird, ist auch sie nur unter Einsatz erheblicher Ressourcen realisierbar. Die Vollständigkeit der Erfassung von Risiken, Schnittstellen, Maßnahmen und ihren Auswirkungen ist also in praxi nur mit erheblichem Aufwand anzutreffen. Des Weiteren besteht in den wenigsten Banken ein sogenanntes „Process Owner“-Prinzip, das heißt, selten existiert ein Prozessverantwortlicher mit derart abgegrenztem Managementbereich. In der Regel überlagern Prozesse mehrere Organisationseinheiten und damit mehrere getrennte Verantwortungsbereiche. Dies erschwert die Zuordnung von Risiken, Managemententscheidungen, Kosten und Auswirkungen.

Produktsicht

Eng verwandt mit dieser Betrachtungsperspektive und damit auch mit ihren Vor- und Nachteilen ist die Betrachtungsperspektive nach Produkten. Hierbei steht nicht eine Wertschöpfungskette im Fokus der Betrachtung, sondern das Ergebnis einer solchen. Ähnlich wie bei Prozessen ergibt sich bei vollständiger Betrachtung nach Produkten ein weitgehend geschlossenes Bild einer Bank. Die Betrachtung ermöglicht eine direkte Zuordnung der Risiken auf die erstellten Produkte. Dies unterstützt die genaue Ermittlung von Risikokosten auf Produktebene. Problematisch ist aber die Zuordnung insbesondere von zentralen Unterstützungs- oder Serviceeinheiten. Diese erzeugen im üblichen Verständnis keine Produkte, sondern zumeist Dienstleistungen. Ebenfalls problematisch ist die Zuordnung von Managementverantwortung auf Produkte. Selten existiert eine Produktverantwortung vom initialen Schritt der Erstellung bis zum internen oder externen Verkauf. Zudem werden nicht selten verschiedene Produkte in denselben Einheiten oder Prozessschritten erstellt. Eine genaue Zuordnung der dort vorhandenen Operationellen Risiken ist dann nicht eindeutig möglich. Ermittelte Risiken und risikomindernde Maßnahmen sind entsprechend nicht in jedem Fall auf Produkte zurechenbar.

Organisationssicht

Organisationseinheiten wie Gruppen, Abteilungen und Bereiche ermöglichen eine vollständige Betrachtung aller Operationellen Risiken innerhalb einer organisatorischen Einheit, also zumeist auch eines Verantwortungsbereiches. Wesentlicher Vorteil dieser Betrachtungsebene ist die klare Zuordnung von Verantwortung verbunden mit ebenso klaren Managementmaßnahmen. Wesentliche Nachteile dieser Betrachtungsebene liegen insbesondere in der Behandlung von Operationellen Risiken, die an Schnittstellen zu anderen Einheiten entstehen. Damit ist die Vollständigkeit der Erfassung nur mit erheblichen Einschränkungen durch Kooperation mehrerer Bereiche darstellbar. Eine direkte Zuordnung zu Prozessen und Produkten ist nur eingeschränkt möglich, die entsprechende Ableitung von diesbezüglichen Risikokosten entsprechend schwer.

Tabelle 7: Vergleich verschiedener Betrachtungsebenen beim Risk Assessment

Betrachtungsebene	geeignet für	pro	contra
Prozesse	stark prozessorientierte Organisationen mit wenigen Kernprozessen oder vielen gleichartigen und standardisierbaren Prozessen	vollständige Abbildung einer Wertschöpfungskette	bei nicht vorhandenem Process Owner-Konzept unklare Zuordnung von Managementverantwortung
Produkte	stark produktgetriebene Organisationen mit wenigen nur gering risikohaltigen Unterstützungseinheiten oder -prozessen	vollständige Abbildung eines Produktes oder einer Produktgruppe	problematisch bei heterogenen Produkten, hohem Dienstleistungsanteil und vielen Unterstützungseinheiten mit unklarer Produktdefinition
Organisationseinheiten	herkömmlich strukturierte Banken mit Geschäftsbereichen, zentralen Managementbereichen und Dienstleistungsbereichen	klare Zuordnung von Managementverantwortung	problematische Erfassung von erfahrungsgemäß sehr risikobehafteten Schnittstellen

Trotzdem hat sich diese Betrachtungsebene in den meisten Banken aufgrund von zwei Aspekten durchgesetzt. Zum einen existieren Organisationseinheiten bereits unabhängig von allen Bestrebungen zum Management Operationeller Risiken. Die Erfassung, Dokumentation und Abgrenzung dieser Betrachtungsobjekte stellen also keine zusätzlichen Anforderungen an eine Bank. Zum zweiten besteht in aller Regel eine klare Managementverantwortung für Organisationseinheiten eingebunden in ein hierarchisches System mit über- und untergeordneten Verantwortungsebenen, was die Umsetzung von Maßnahmen erleichtert.

Betrachtungsstruktur
Grundsätzlich kann ein Risk Assessment frei von jeder Struktur oder Kategorisierung erfolgen. Um aber eine Vergleichbarkeit zu ermöglichen, sei es über Zeit, gegenüber anderen Bewertungsebenen oder gegen einen Sollzustand, ist die Anwendung einer konsistenten und auch im Zeitablauf nachvollziehbaren Struktur angeraten. Dies kann die angewandte Risikokategorisierung der Bank sein, eine Verfeinerung oder Vergröberung derselben oder eine andere, davon abweichende.

Um die Einbindung des Risk Assessments in das Gesamtkonzept des Managements Operationeller Risiken zu erleichtern, aber insbesondere auch um einen Abgleich mit den anderen Mess- oder Bewertungsverfahren wie Verlustdaten, Indikatoren und gegebenenfalls auch VaR-Ermittlung zu ermöglichen, bietet sich die Anwendung einer einheitlichen Betrachtungsstruktur für alle Elemente des Frameworks an (siehe Abschnitt 5.2).

5.4.3 Bewertungsmaßstab

Da die zu bewertenden Risiken eines Risk Assessments keine direkt messbare Dimension im Sinne eines objektiv ermittelbaren Zustandes haben, können sie nach verschiedenen Maßstäben bewertet werden. Die Bewertung kann dabei ein- oder zweidimensional erfolgen. Für Brutto- und Nettorisiken erfolgt zumeist eine Bewertung von vermuteter Auswirkung bei ebenfalls vermuteter Wahrscheinlichkeit. Bei Kontrollen erfolgt eine Bewertung der Kontrollqualität entweder eindimensional oder mit gleichzeitiger Bewertung von Effizienz oder Effektivität. Die Bewertung findet sowohl für die Risiken als auch für die Kontrollen zumeist in diskreter Form durch mehrstufige Skalen mit Bandbreiten statt.

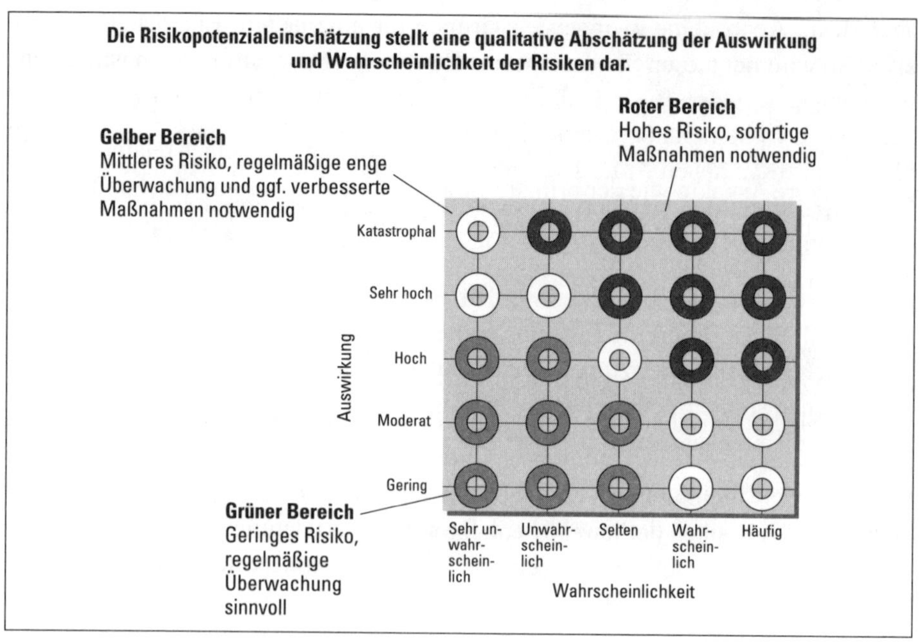

Abbildung 26: Auswirkung, Wahrscheinlichkeit und Managementmaßnahmen

Auswirkung

Für Brutto- und Nettorisiken stellt die Abschätzung der möglichen Auswirkung den Versuch dar, die Höhe eines Verlustes bei Eintritt eines Risikoereignisses zu ermitteln. Dies kann in absoluten Werten oder Bandbreiten ausgedrückt werden oder in Relation zu anderen Größen wie Umsatz, Anzahl Transaktionen oder Mitarbeitern. Absolute Werte erleichtern die Risikoeinschätzung aus Gesamtbanksicht sowie eine Aggregation solcher Ergebnisse über mehrere Einheiten. Relative Werte hingegen erleichtern die Vergleichbarkeit, wenn zum Beispiel Aussagen über die Bestandsgefährdung einzelner Bereiche getroffen werden sollen. In wie vielen Stufen oder Bandbreiten die Bewertung erfolgen soll, hängt von bankspezifischen Aspekten ab. Grundsätzlich existiert keine allgemeingültige Skala.

Sollte bereits aus anderen Risikobereichen eine bestimmte Anzahl von Stufen bekannt sein, kann sie gegebenenfalls auch für das Risk Assessment herangezogen werden, um eine gewisse Konsistenz und Kontinuität insbesondere im Reporting der Ergebnisse zu erhalten. Erfahrungswerte zeigen, dass bei einer Einschätzung durch Menschen selten mehr als zehn Stufen sinnvoll angewandt werden. In vielen Banken wird eine reduzierte, fünfstufige Skala verwendet. Allerdings besteht bei Skalen mit einer ungeraden Anzahl die Neigung, den mittleren Wert immer dann zu wählen, wenn keine zwingenden Gründe für eine andere Einschätzung sprechen. So wird bei diesen Skalen eine aus Bewertersicht negative oder positive Einschätzung vermieden.

Für die Entscheidung zur Verwendung einer absoluten oder einer relativen Skala sind mehrere Aspekte wie der primäre Empfänger, das Assessmentziel und die Art einer eventuellen Weiterverarbeitung der Risk Assessment-Ergebnisse maßgeblich. Soll das Risiko aus Gesamtbanksicht mit Schwerpunkt auf wesentlichen, großen Verlustpotenzialen betrachtet werden, ist die Verwendung einer absoluten Skala sinnvoll. Sie normiert die Ergebnisse aller Bereiche durch die Verwendung einer einheitlichen Maßgröße, zumeist einer finanziellen wie Euro. Aus Gesamtbanksicht können so die relevanten Risiken schnell über alle Bereiche hinweg identifiziert und entsprechend adressiert werden.

Die relative Skalierung bietet hingegen bereichsspezifische Informationen, welche die relevanten Risiken der jeweils betrachteten Einheit deutlicher machen. Auf Gesamtbankebene ermöglicht eine relative Skala das einfache Identifizieren großer Risikopotenziale einzelner Bereiche. Dies kann insbesondere dann von großer Bedeutung sein, wenn das absolute Potenzial eines Bereiches aus Gesamtbanksicht gering, das Funktionieren dieses Bereiches aber von hoher Relevanz für das gesamte Institut ist.

Bei der Entscheidung für eine Skala sind die Werte oder Bandbreiten so zu wählen, dass die primäre Zielsetzung erreicht werden kann. Steht die Identifikation von aus Gesamtbanksicht wesentlichen und bestandsgefährdenden Risiken im Vordergrund, ist die Auswahl ausreichend hoher Werte angeraten. Der Maximalwert sollte schon aus logischen Gründen nach oben offen sein, da das maximale Risiko im Katastrophenfall dem Liquidationswert der Bank entspricht. Für aussagekräftige Bewertungen im Bereich großer und sehr großer Risiken sollten aber nicht zu hohe darunterliegende Bandbreiten gewählt werden, um in diesen Bereichen noch Ergebnisse zu erhalten. Für bankweite Risk Assessments bei mittleren bis großen Banken werden als oberer Wert der Bandbreite häufig Werte von 50 Millionen Euro und mehr verwendet, während die Untergrenzen zumeist bei 50.000 bis 100.000 Euro angesiedelt werden. Aber bereits aus Bereichssicht erscheinen diese Werte nicht selten zu hoch. Wie erwähnt, existieren keine allgemeingültigen Regelungen für die Definition der Ober- und Untergrenzen. Eine Orientierung kann daran erfolgen, dass die Obergrenze als der Wert bestimmt wird, bei dem eine Bestandsgefährdung der Betrachtungseinheit besteht. Umgekehrt sollte die Untergrenze so gewählt werden, dass der Wert nicht Bagatellecharakter annimmt.

Beiden Zielsetzungen werden Skalen gerecht, die eine Bereichssicht mit geringeren und eine Gesamtbanksicht mit entsprechend höheren, bestandsgefährdenden Werten ermöglichen. Diese setzen aber entsprechende Regelungen für eine Aggregation der Ergebnisse voraus. Dabei bieten sich grundsätzlich zwei Alternativen an:

- die Aggregation über die entsprechenden Werte beziehungsweise absoluten Zahlen und
- die Aggregation über die jeweiligen Bereiche oder Stufen der spezifischen Skalen.

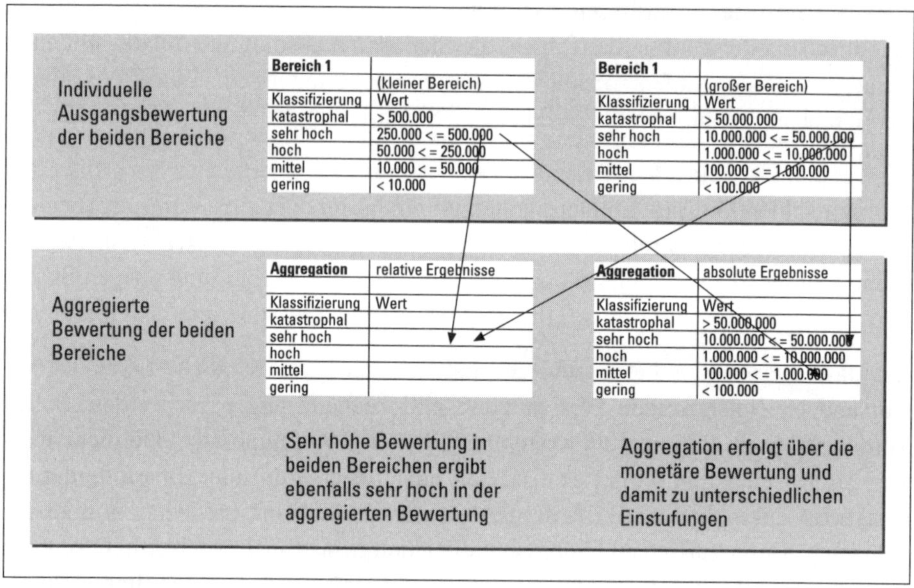

Abbildung 27: Alternative Risk Assessment Aggregationen

Die Aggregation der Werte ermöglicht eine aus Gesamtbanksicht wünschenswerte Summierung. Der Empfänger der Ergebnisse kann die absolute Risikohöhe vergleichen, Aggregationen über mehrere Einheiten und Ebenen sind aufgrund der einheitlichen Verwendung absoluter Beträge einfach möglich. Dabei gehen aber im Zuge der Aggregation Informationen über die Risikoeinschätzung in einzelnen Bereichen verloren. Werte, die aus Gesamtbanksicht von untergeordneter Bedeutung sind, aber für einen einzelnen Bereich möglicherweise elementar, sind als solche nicht mehr identifizierbar.

Bei Aggregation der jeweiligen Bandbreiten oder Stufenwerte bleibt diese Information erhalten. Der Maximalwert eines Bereiches wird als solcher wiederum in den Maximalbereich der Gesamtbankbewertung überführt.

Während die Aggregation der Zahlenwerte also ein summiertes Ergebnis der Gesamtbank ergibt, führt die Aggregation über die Wertebereiche zu einer zusammenfassenden Darstellung der einzelnen Risiken.

Wahrscheinlichkeit

Die Bewertung der Wahrscheinlichkeit hat zum Ziel, die Eintrittshäufigkeit oder Frequenz abzuschätzen. Dabei gelten hinsichtlich der Bewertungsalternativen sinngemäß die Aussagen zur Auswirkung ebenso für die Beurteilung der Wahrscheinlichkeit des Eintritts eines Ereignisses. Die Bewertung kann auch hier in Bandbreiten oder punktuell erfolgen, die Skala kann absolut oder relativ, mit einer geraden oder ungeraden Anzahl von Werten ausgestaltet sein. Ebenso existieren vergleichbare Problemstellungen bei der Summierung oder Aggregation der Ergebnisse.

Die zu wählenden Bandbreiten hängen ebenfalls im Wesentlichen vom Betrachtungszweck oder Zeitrahmen ab. Bei regelmäßig durchgeführten Risk Assessments mit beispielsweise jährlicher Wiederholung werden bei fünfstufigen Skalen häufig Zeitspannen verwendet, die als Untergrenze Quartale und als Obergrenze Zeiträume von mehreren Jahren umfassen.

Für andere Zielsetzungen können diese entsprechend angepasst werden. Sollen zum Beispiel im Rahmen eines Mergers oder Outsourcingprojekts mögliche Risiken bis zur Beendigung der Transaktion oder für eine definierte Periode danach ermittelt werden, bietet es sich an, die verwendete Skala entsprechend anzupassen. Je nach erwarteten Risiken kann dabei die Untergrenze auch wöchentlich, seltener täglich gewählt werden. Als Obergrenze bietet sich die Länge des Betrachtungszeitraums beziehungsweise der knapp darüber liegenden Zeitspanne an.

Tabelle 8: Beispiele für Häufigkeitsbandbreiten bei Risk Assessments

Frequenz	sehr unwahrscheinlich	unwahrscheinlich	selten	wahrscheinlich	häufig
langfristige Betrachtung/jährliche Analyse	seltener als alle 10 Jahre	alle 5–10 Jahre	alle 1–5 Jahre	jährlich	quartalsweise
kurzfristige Betrachtung	jährlich oder seltener	halbjährlich oder seltener	quartalsweise oder seltener	monatlich oder seltener	wöchentlich oder seltener

Kontrollqualität

Bei der Bewertung der Kontrollqualität kann wie für Auswirkung und Wahrscheinlichkeit in gewissen Grenzen eine beliebige Skala verwendet werden. Sinngemäß gelten auch hier die gleichen Aussagen.

Kontrollqualität kann dabei sowohl ein- als auch zweidimensional bewertet werden. Bei der zweidimensionalen Bewertung werden Effektivität und Effizienz getrennt bewertet. Dies hat den Vorteil, dass neben der Qualität einer Kontrollmaßnahme im engeren Sinne auch die damit verbundenen Kontrollkosten, also die wirtschaftliche Seite explizit beurteilt werden muss. Dem liegt die Annahme zugrunde, dass eine Risikonahme bewusst erfolgt und damit auch risikomindernde Maßnahmen nicht um jeden Preis etabliert oder aufrechterhalten werden sollten. Sollte dieser Aspekt keine Rolle spielen, kann auf eine solche Bewertung konsequenterweise verzichtet werden. Bei der eindimensionalen Bewertung steht zumeist die Bewertung der Effektivität einer Maßnahme im Vordergrund, da sie den aus Risikomanagementsicht relevanteren Aspekt darstellt. Auch hier kann eine ökonomische Komponente einfließen, in dem die Bewertungsskala im Bereich guter oder sehr guter Kontrollen um diesen Aspekt ergänzt wird. Anders als bei der Einschätzung von Auswirkung und Wahrscheinlichkeit kann es bei der Bewertung von Kontrollqualität sinnvoll sein, als Maximalausprägung den Aspekt zu guter Kontrollen auch losgelöst von einer ökonomischen Komponente zu bewerten. Dem liegt die Annahme zugrunde, dass im Bewusstsein zu guter Kontrollen die Fehlerhäufigkeit wieder zunimmt, weil zu hohes Vertrauen in diese Kontrollen gesetzt und daher im Vorfeld weniger Sorgfalt angewandt wird.

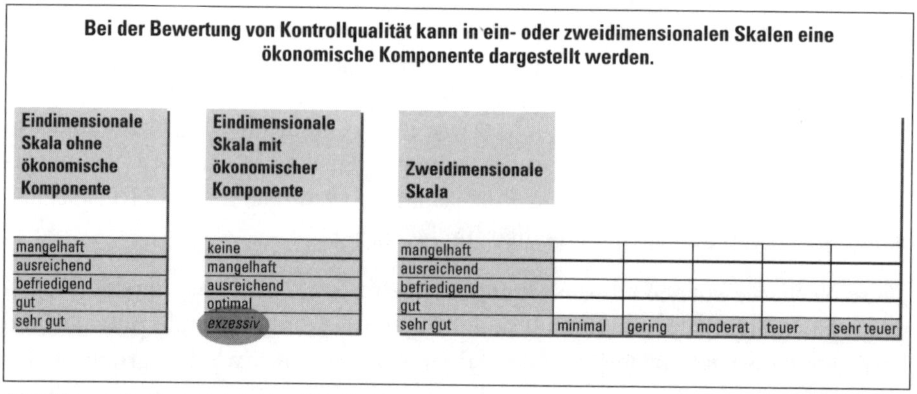

Bei der Bewertung von Kontrollqualität kann in ein- oder zweidimensionalen Skalen eine ökonomische Komponente dargestellt werden.

Eindimensionale Skala ohne ökonomische Komponente
mangelhaft
ausreichend
befriedigend
gut
sehr gut

Eindimensionale Skala mit ökonomischer Komponente
keine
mangelhaft
ausreichend
optimal
exzessiv

Zweidimensionale Skala					
mangelhaft					
ausreichend					
befriedigend					
gut					
sehr gut	minimal	gering	moderat	teuer	sehr teuer

Abbildung 28: Beispielskalen für die Bewertung von Kontrollqualität

Wesentlich zu beachten bei der Bewertung von Kontrollen und der Definition der angewandten Bewertungsskala ist, dass sich der Wert nicht automatisch aus der Differenz in der Bewertung von Brutto- und Nettorisiko ergibt. Kontrollen oder risikomindernde Maßnahmen können zwar sowohl auf Auswirkung als auch auf Wahrscheinlichkeit wirken, sie tun das aber nur selten in gleichem Maße beziehungsweise abhängig vom Prozessschritt in unterschiedlicher Ausprägung.

So beeinflussen zum Beispiel Versicherungen nicht die Häufigkeit des Auftretens eines Risikos, begrenzen aber nach erfolgter Zahlung die Auswirkung. Umgekehrt kann eine unabhängige Zweiterfassung von Handelsgeschäften die Häufigkeit beeinflussen, mit der diese Transaktionen fehlerhaft erfasst werden, nicht aber die Auswirkung, falls der Erfassungsfehler in beiden Fällen erfolgt.

Daher ist in jedem Fall eine explizite Bewertung der Kontrollqualität anzuraten. Erst sie macht deutlich, welche risikomindernden Maßnahmen überhaupt bestehen beziehungsweise in die Bewertung einbezogen werden, und wie gut und gegebenenfalls wie ökonomisch sinnvoll sie eingeschätzt werden.

5.4.4 Bewerter

Risk Assessments können danach unterschieden werden, wer sie für eine Bewertungseinheit vornimmt. Der Begriff „Self“ beschreibt in diesem Zusammenhang, dass die Bewertung eines Objektes (Prozess, Abteilung, Produkt etc.) von den dafür Verantwortlichen durchgeführt wird, also nicht durch unabhängige Dritte erfolgt. Wesentlicher Vorteil ist die in der Regel intime Kenntnis des Analyseobjekts und seiner inhärenten Risiken. Nachteile sind die fehlende Objektivität und mangelnde Vergleichbarkeit mit Bewertungen anderer Personen sowie die latente Gefahr einer Unterbewertung von Risiken aus zwei Gründen: Es kann eine gewisse Betriebsblindheit aufgrund möglicherweise guter oder schlechter Erfahrungen in der Vergangenheit vorliegen, und die Neigung, Risiken im eigenen Verantwortungsbereich als tendenziell gering einzuschätzen, weil man negative Rückschlüsse auf die eigene Managementqualität fürchtet.

Diese Nachteile können teilweise kompensiert werden. Zur Reduktion der Subjektivität kann eine Plausibilitätsanalyse der Ergebnisse durch neutrale Bereiche und Vergleiche mit Verlustdaten und Indikatoren vorgenommen werden, grundsätzlich neutrale Stellen (wie das Risikocontrolling) bereits bei der Durchführung einbezogen werden, sowie weitere unabhängige Funktionen mit entsprechendem Wissen wie die Revision eine Überprüfung durchführen.

Die Alternative dazu sind Assessments, die von Dritten durchgeführt werden. Dies können bereichs- oder unternehmensexterne Personen sein. Die entsprechenden Vor- und Nachteile eines Assessments durch Externe verhalten sich umgekehrt zu denen durch Interne. Während Objektivität oder Betriebsblindheit zumeist keine Rolle spielen, werden kaum ähnlich genaue Kenntnisse der jeweiligen Risiken vorliegen, soweit sie durch die individuellen Gegebenheiten eines Bereiches bestimmt sind. Für externe Risiken wie Naturkatastrophen oder die Einschätzung externer Partner bestehen diese Nachteile aber kaum.

Probleme bei der Bewertung von Auswirkung und Wahrscheinlichkeit
Bei der Durchführung von Risk Assessments bestehen zweierlei, allerdings eng verbundene Probleme, die Subjektivität der Einschätzung und die damit verbundene Schwierigkeit einer Objektivierung und Plausibilisierung der Ergebnisse.

Wie oben ausgeführt, erfolgt die Bewertung in der Regel in vordefinierten Bewertungsrastern. Sie sollen eine gewisse Einheitlichkeit der Bewertungsmaßstäbe auch dann sicherstellen, wenn die Bewertung von verschiedenen Personen und für verschiedene Betrachtungsobjekte vorgenommen werden soll. Ziel ist hier neben der bereichs- oder abteilungsindividuellen Risikobewertung der Vergleich verschiedener Organisationseinheiten und gegebenenfalls auch eine Aggregation dieser Ergebnisse. Allerdings eliminieren sie nicht das Problem der Subjektivität der Einschätzung oder gar eine bewusste Fehleinschätzung von Risiken. Diese Probleme treten je nach Vorgehensweise in unterschiedlicher Ausprägung auf.

5.4.5 Vorgehensweise

Aufgrund der vielfältigen Ausgestaltungsmöglichkeiten eines Risk Assessments existiert konsequenterweise kein einheitlicher Ablauf. Allerdings können zwei grundlegende Vorgehensweisen identifiziert werden. Dabei kann danach unterschieden werden, ob das Risk Assessment in Form einer Befragung oder im Rahmen von Workshops durchgeführt wird.

Bei einer zumeist individuellen Befragung werden papier- oder computerbasiert Personen unabhängig von einander gebeten, definierte Risiken ihres Verantwortungsbereiches oder für Dritte einzuschätzen. Wesentliches Merkmal ist dabei, dass die Einschätzung ohne direkten Einfluss Dritter erfolgt.

Wird das Risk Assessment in Workshops durchgeführt, wird bewusst eine Beeinflussung der Meinungsbildung der Beurteiler durch andere erzeugt. Als Mischform existiert das in der Regel computerunterstützte Voting, wo alle die Einzel-

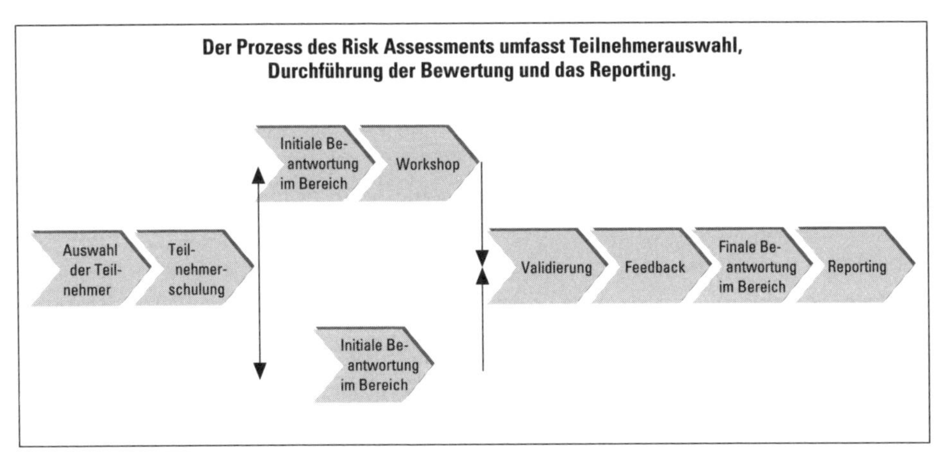

Abbildung 29: Alternative Vorgehensweisen beim Risk Assessment

Tabelle 9: Alternative Vorgehensweisen bei Risk Assessments

Vorgehensweise	wesentliche Merkmale	pro/contra	Aufwand	geeignet
Workshop	I. d. R. mehrstündige, diskussionsartige Meinungsfindung unter Einbeziehung verschiedener Bereiche und/oder Experten	bewusst herbeigeführte Nivellierung bzw. Vereinheitlichung der Ergebnisse durch diskussionshafte Bewertungsfindung	je nach Umfang sehr personal- und zeitintensiv	für die Bewertung unterschiedlicher Bereiche, wenn eine gewisse Einheitlichkeit in der Vorgehensweise und insbesondere der Anwendung der Bewertungsmaßstäbe nicht im Vorfeld sichergestellt werden kann, da individuelle Sichten stark abweichen können und/oder Spezialistenwissen zusätzlich berücksichtigt werden soll
Befragung	individuelle, stark strukturierte und ggf. anonyme Befragung von Einzelpersonen, kann papiergestützt oder elektronisch erfolgen	von Dritten unbeeinflusste Bewertung ohne die Möglichkeit der Korrektur bzw. Berücksichtigung des Wissens anderer	insbesondere wenn computergestützt sehr effiziente Durchführung	für eine schnelle unabhängige Bewertung, insbesondere wenn eine gewisse Einheitlichkeit in der Vorgehensweise und Anwendung der Bewertungsmaßstäbe sichergestellt ist.

oder Gesamtergebnisse sehen können, aber das jeweils individuelle Verhalten anonym bleibt.

Optionen bestehen, an welcher Stelle bzw. wie häufig Feedbackschleifen in den Prozess eingebaut werden. Aufgrund der Relevanz der Ergebnisse erscheint es zumindest angebracht, eine solche Feedbackschleife zu implementieren, um insbesondere ungeübten Teilnehmern eine Korrektur ihrer Ergebnisse im Vergleich zu anderen zu ermöglichen. Offensichtlich ist, dass der dargestellte Prozess bei mehrmaliger Anwendung nur noch verkürzt abläuft. Teilnehmerauswahl wie Training sind nur in den Fällen notwendig, wo neue Teilnehmer oder neue Bereiche in den Risk Assessment-Prozess integriert werden müssen.

Unabhängig von der gewählten Vorgehensweise erfolgt als letzter Schritt die Validierung der Ergebnisse.

Risk Assessment Ergebnisse basieren auf subjektiven Einschätzungen und müssen plausibilisiert werden. Gründe hierfür umfassen:

- Hemmschwelle zur wahrheitsgemäßen Beantwortung,
- Mangelnde Erfahrung der Mitarbeiter,
- Mangelnde Kompetenz der Mitarbeiter,
- Einstellung der Mitarbeiter hinsichtlich des Risikos,
- Motivationslage der Mitarbeiter (insbesondere Führungskräfte),
- Bereichsübergreifende Konsistenz der Antworten,
- Vergleichbarkeit der Ergebnisse bei wiederholter Durchführung.

Aufgrund der geschilderten Probleme eines Risk Assessments sollten seine Ergebnisse durch unabhängige Informationen validiert oder zumindest plausibilisiert werden. Abhängig von den sonst zur Verfügung stehenden Informationen kann dies auf mehreren Wegen erfolgen. Wenn, wie unter 5.2 dargelegt, eine einheitliche Struktur zur Erfassung von Daten besteht, ist es vergleichsweise einfach, die Ergebnisse eines Risk Assessments mit Verlustdaten und Indikatoren zu vergleichen. Bis eine verlässliche Historie aufgebaut sein wird, werden zwar mehrere Perioden vergehen, aber der Abgleich verschiedener Datenquellen wird trotzdem erhebliche Informationen zur Plausibilisierung liefern. Auch der Vergleich verschiedener Bereiche trägt dazu bei. So können Ergebnisse einzelner Einheiten aus verschiedenen Gründen abweichen, die nicht immer auf unterschiedliche Risiken zurückzuführen sind. Wie im klassischen Controlling bieten Bereichs-, Zeit- und Soll-Ist-Vergleiche Informationen zur Ergebnisvalidierung.

Eine vollständige Validierung der Risk Assessment-Ergebnisse ist nicht möglich, wesentliche Aspekte können aber durch verschiedene Bereiche abgedeckt werden:

- Risikocontrolling: Bereichsübergreifende Konsistenzprüfung,
- Interne Revision: Plausibilisierung anhand von Erkenntnissen aus Prüfungen,
- Andere Datenquellen (Verlustdatensammlung etc.): Konsistenzprüfung aufgrund historischer Verluste, Risikoindikatoren, etc.,
- Benchmarking gegenüber Wettbewerbern: Vergleich des Risikoprofils mit denen anderer Häuser.

Sowohl in der Theorie als auch in der Praxis existieren weitere Varianten des Risk Assessments. Diese bauen auf dem geschilderten Basisprozess bzw. seinen Variationen auf. So kann der Fragebogen oder die Workshopagenda neben bankweit relevanten Fragen oder Bewertungsfeldern auch bereichsspezifische enthalten.

Diese Fragen sollten konkrete und individuelle Risiken eines Bereiches abdecken. Ob ihre Analyse in Form der dargestellten Ermittlung von Auswirkung und Wahrscheinlichkeit erfolgt oder durch einfache Ja/Nein-Fragen durchgeführt wird, ist sekundär. Wesentlich ist, dass diese Fragen in enger Zusammenarbeit von betroffenem Bereich und durchführender Einheit definiert werden.

Da diese Fragen per Definition keine Relevanz für andere Bereiche haben, muss für die Ermittlung eines Gesamtergebnisses ein anderes Verfahren als die dargestellten Aggregationsmechanismen verwendet werden. Ähnlich wie bei Risikoindikatoren (siehe Abschnitt 5.5) kann dies über eine Transformation der Ergebnisse in eine Benotung oder ein Ampelsystem erreicht werden. Aufgrund des Grades an Konkretheit bietet sich hier zudem eine direkte Verknüpfung mit Indikatoren an. Wenn es gelingt, bereichsspezifische Fragestellungen mit objektiven Messgrößen zu koppeln, ist ein erheblicher Schritt hinsichtlich der Validierung getan.

Ob die Ergebnisse dieser beiden Komponenten (Risikopotenzialanalyse und Fragen), oder unter Einbeziehung von Indikatoren auch drei Komponenten eines Risk Assessments zu einem Gesamtergebnis verdichtet werden, hängt von der konkreten Zielsetzung ab. Steht das Feedback an den jeweiligen Bereich im Vordergrund, ist eine möglichst unverdichtete Kommunikation der Ergebnisse vorzuziehen. Ist zumindest eines der Ziele, ein verdichtetes Gesamtergebnis pro Bereich zu ermitteln, erscheint eine Aggregation sinnvoll. Hierzu können die Ergebnisse aller zwei oder drei Risk Assessment-Komponenten in eine einheitliche Bewertungsskala, beispielsweise ein Ampelsystem, übertragen werden.

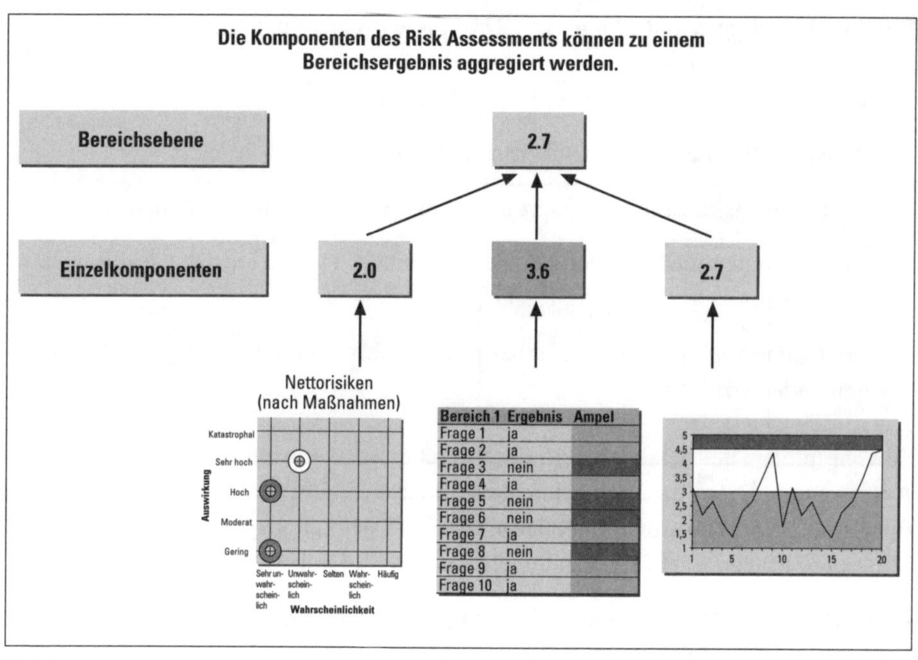

Abbildung 30: Aggregation verschiedener Risk Assessment-Komponenten

5.5 Key Risk Indicators

Eine zentrale Aufgabe des Managements Operationeller Risiken ist die frühzeitige Erkennung der Veränderung eines Risikopotenzials, welche zu Verlusten führen kann. Zielsetzung hierbei ist es, Maßnahmen zu treffen, die das Eintreten der Verluste mit hoher Wahrscheinlichkeit verhindern können. Systeme, die eine derartige Ausrichtung haben, sind – nicht zuletzt im Licht von KonTraG – unter dem Namen Frühwarnsystem bekannt. Sie basieren meist auf Risikoindikatoren (Key Risk Indicators).

Risikoindikatoren sind Kennzahlen, die Auskunft über risikobestimmende Faktoren geben können. Dabei ist eine Schlüsselanforderung an Risikoindikatoren, eine ex ante-Information (d. h. eine Warnung vor zukünftigen Verlusten) anstatt einer ex post-Feststellung aufgetretener Informationen (wie sie in der Verlustdatensammlung, siehe Abschnitt 5.2, erhoben wird) zu erhalten.

Einige Banken setzen Risikoindikatoren begrifflich mit Key Performance Indicators (KPIs) gleich. Problematisch hieran ist, dass KPIs bereits feststehende Instrumente insbesondere in Abwicklungs- und IT-Bereichen sind, welche in der Regel

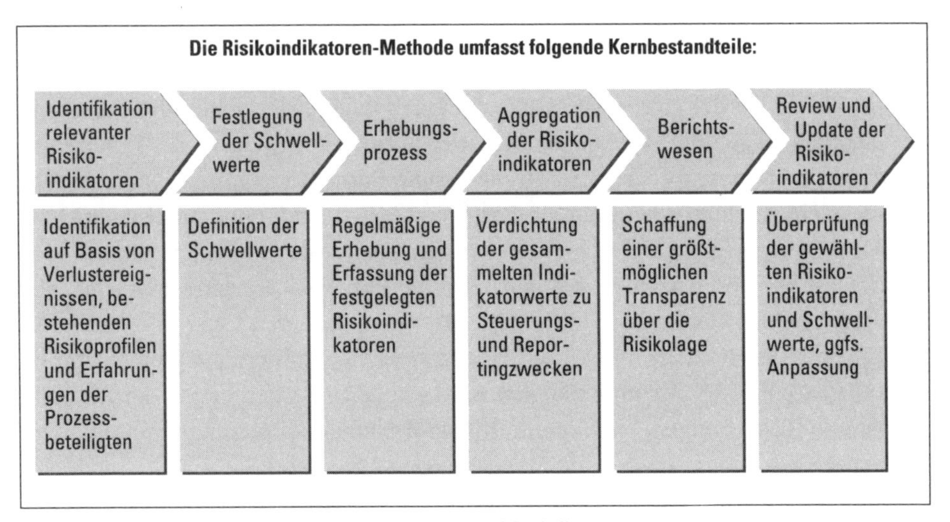

Abbildung 31: Schritte eines Risikoindikatoren-Modells

ex post-Kenngrößen über Prozesse (Auslastung, Durchsatz, Fehlerquote und ähnliches) darstellen. Im Einzelfall kann ein KPI zwar zur Definition von Risikoindikatoren nützlich sein, aufgrund des eher rückschauenden Charakters ist jedoch eine Gleichsetzung der beiden Instrumente nicht zielführend.

Identifikation

Der erste Schritt einer Risikoindikatoren-Methode besteht in der Identifikation geeigneter Risikoindikatoren. Hierzu ist insbesondere das Wissen der Prozessbeteiligten der einzelnen Bereiche hilfreich. Bewährt hat sich ein Brainstorming möglicher Einflussfaktoren auf die einzelnen Risikokategorien in einer kleinen Gruppe. Wichtigstes Kriterium für die Eignung von Kennzahlen als Risikoindikator ist der Frühwarncharakter. Eine Zählung anhängiger Rechtsprozesse ist beispielsweise nur dann zielführend, wenn mit einem Anstieg dieser Anzahl eine Zunahme der Anzahl tatsächlicher Verluste einhergeht. Das Risikomanagement muss dann auf die Vermeidung zukünftiger Rechtsprozesse abzielen (beispielsweise durch Schulung der Mitarbeiter, um Beratungsfehler zu vermeiden), bereits bestehende Rechtsprozesse können hingegen in aller Regel nicht mehr effektiv im Sinne eines Risikomanagements beeinflusst werden. Oftmals ergeben sich auch erst aus der Verknüpfung mehrerer Kennzahlen geeignete Risikoindikatoren. Beispielsweise folgt aus einer geringen Personalverfügbarkeit (sei es aus Kündigungen, Krankheit oder Urlaub) nur dann ein Risiko, wenn gleichzeitig das zu bearbeitende Auftragsvolumen groß ist und somit bevorstehende Engpässe beispielsweise durch Zeitarbeitskräfte aufgefangen werden müssen.

Ferner ist die Relevanz für das Management von der Möglichkeit, konkrete Maßnahmen abzuleiten, abhängig. Risikoindikatoren, die Situationen charakterisieren, welche außerhalb des Einflussbereichs der Bank liegen, sind tendenziell ungeeignet. Schließlich stellen Aspekte der Datenverfügbarkeit respektive des Erhebungsaufwands weitere Anforderungen an die Kennziffern. Bei Informationen, welche bislang nicht in einer verwendbaren Form vorhanden sind, muss aus Kosten-Nutzen-Gesichtspunkten evaluiert werden, ob die zukünftige Ermittlung anzustreben ist. Risikoindikatoren können sich auf einzelne Prozesse, einzelne Bereiche oder alle Bereiche der Gesamtbank beziehen. Mit einem höheren Grad der Standardisierung über die Bereiche hinweg wird die Vergleichbarkeit erhöht, gleichzeitig jedoch die Möglichkeit der individuellen Risikosteuerung vermindert. Zur Zeit gibt es mehrere Bestrebungen, bankübergreifende Risikoindikatoren zu ermitteln.

Konkretisierung
Nach erfolgter Identifikation müssen die Risikoindikatoren eindeutig definiert werden (Festlegung der Einheiten). Viele Kennziffern lassen Spielraum bei der Ermittlung zu beziehungsweise können durch Durchschnittsbildung über mehrere Perioden gewonnen werden. Oft besteht auch die Wahlmöglichkeit zwischen Plan- und Istgrößen für entsprechende Quotenbildung (beispielsweise geplante oder genehmigte oder besetzte Stellen). Ferner ist festzulegen, wer für die Erhebung der Risikoindikatoren verantwortlich ist und wie oft diese erfolgen soll. Typischerweise werden Spezialabteilungen wie Personal oder Recht über ausgewählte Kennziffern für die Gesamtbank verfügen, während prozessorientierte Informationen aus der Abwicklung nur dort verfügbar sind und daher dezentral erhoben werden müssen.

Definition von Schwellwerten
Als nächstes ist festzulegen, welche Ausprägungen des Risikoindikators unkritisch sind, ab welcher Schwelle ein Warnsignal ausgelöst werden soll, das zur Überprüfung der Situation und gegebenenfalls zur Einleitung von Maßnahmen führen soll, sowie ab welcher Schwelle ein Alarm ausgelöst werden soll, welcher sofortige Maßnahmen nach sich ziehen muss.

Bei der Festlegung solcher Schwellwerte ist neben Erfahrungswerten der beteiligten Experten insbesondere die Risikoneigung des jeweiligen Entscheidungsträgers bedeutsam. Warn- bzw. Alarmsignale, die regelmäßig als Fehlalarm interpretiert werden, da die auslösende Konstellation nicht als Risikosituation verstanden wird, schaden der Akzeptanz eines solchen Systems in erheblichem Maße. Ampelsysteme haben sich auch in diesem Kontext bewährt, da sie auf einen Blick eine Aussage darüber ermöglichen, ob Handlungsbedarf besteht oder nicht. Zusätzlich kann

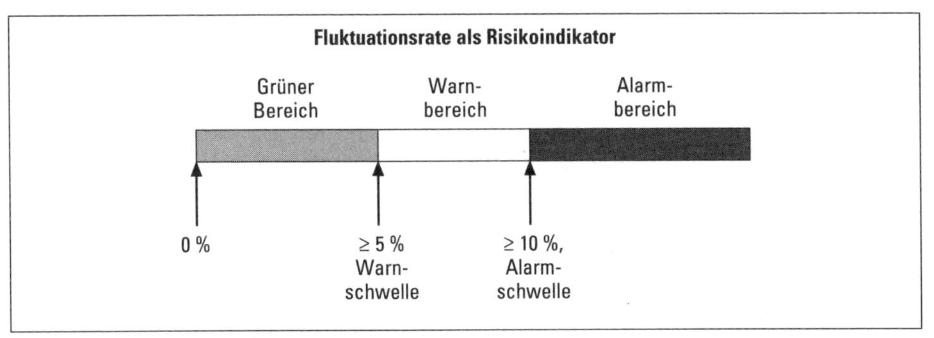

Abbildung 32: Schwellwerte für Risikoindikatoren

es insbesondere für Aggregationszwecke nützlich sein, neben der recht groben Stufung in Ampelfarben auch eine feinere ordinale oder metrische Ausprägung, die unabhängig von den Einheiten der einzelnen Risikoindikatoren ist, einzuführen. Hierzu kann die Abweichung des Ist-Wertes eines Risikoindikators von den festgelegten Schwellwerten mathematisch ausgewertet werden. Im einfachsten, pragmatischen Fall genügt hierzu eine lineare Funktion, einzelne Banken haben komplexere Verfahren, wie beispielsweise Fuzzy-Logik, eingesetzt.

Neben den geschilderten einseitigen Risikoindikatoren, bei denen eine Zunahme bzw. Abnahme des Indikatorwertes monoton eine Zunahme des Risikogehaltes anzeigt, sind auch zweiseitige Risikoindikatoren denkbar, bei denen der Optimalwert innerhalb des Wertebereichs liegt und sowohl kleinere als auch größere Indikatorausprägungen höhere Risiken anzeigen. Dies könnte in bestimmten Bereichen bei der Auslastung des Personals der Fall sein, da die Erfahrung zeigt, dass sowohl eine dauernde Überforderung als auch eine dauernde Unterforderung Konzentrationsmängel hervorrufen und damit die Fehleranfälligkeit erhöhen kann. Diese Indikatoren sind in der Praxis jedoch selten anzutreffen, oft zeigt nur eine Richtung des Indikatorwertes ein Risiko an, während die entgegengesetzte Bewegung lediglich betriebswirtschaftliche Ineffizienz anzeigt. So drückt eine zu hohe Auslastung eines IT-Systems ein Risiko aus (dass zukünftige Transaktionsvolumina nicht mehr bearbeitet werden können, sofern sie weiter steigen) während sehr niedrige Auslastungsquoten auf Redundanzen in der Systemlandschaft hindeuten, aus denen zwar erhöhte Kosten, jedoch kein Risiko erwächst.

Erhebungsprozess

Zur Implementierung eines Risikoindikatorsystems ist eine regelmäßige Erhebung notwendig. Einzelne Banken haben entsprechende Systeme gebaut, die eine direkte Anbindung an Zuliefersysteme ermöglichen und somit theoretisch eine tägliche

Ermittlung von Risikoindikator-Ratings ermöglichen. Jedoch hat sich vielfach gezeigt, dass die meisten benötigten Kennziffern nur monatlich oder sogar noch seltener ermittelt werden können. Andererseits sind die Kosten für den Bau entsprechender Schnittstellen an die Vielzahl der möglichen Zuliefersysteme, die üblicherweise in Banken vorhanden sind, enorm, der Nutzen jedoch fragwürdig.

Somit setzen inzwischen die meisten Finanzinstitute auf einen zumindest semimanuellen Erhebungsprozess, bei dem ein Teil der Informationen aus Zuliefersystemen mit entsprechenden Datenbankabfragen erhoben, gegebenenfalls in Spreadsheets weiterverarbeitet und in einem geeigneten Softwaretool eingegeben wird (siehe Abschnitt 5.8). Ein anderer Teil wird aus Listen beziehungsweise Berichten, die für andere Zwecke erstellt worden sind, in das entsprechende System eingegeben. Aus einer Balance zwischen Aktualität der Informationen einerseits und Erhebungsaufwand andererseits hat sich die monatliche Durchführung eines solchen Erhebungsprozesses als die am weitesten verbreitete Alternative herauskristallisiert. Je nach konkretem Inhalt und Detaillierungsgrad kann eine zentrale oder dezentrale Erhebung sinnvoll sein. Wichtig ist in jedem Fall eine zentrale Qualitätssicherung, die Fehler bei der Ermittlung oder Eingabe einzelner Risikoindikatoren erkennen und korrigieren kann.

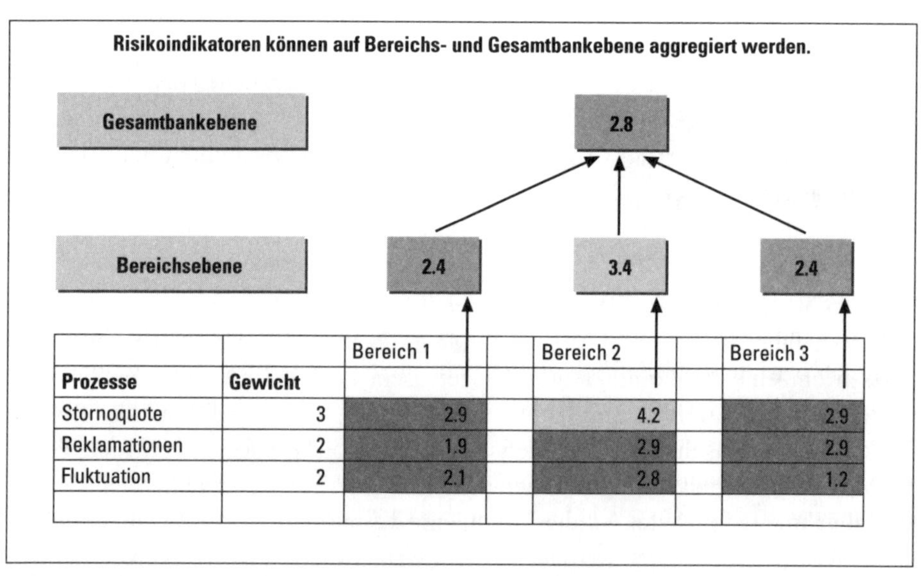

		Bereich 1		Bereich 2		Bereich 3
Prozesse	**Gewicht**					
Stornoquote	3	2.9		4.2		2.9
Reklamationen	2	1.9		2.9		2.9
Fluktuation	2	2.1		2.8		1.2

Abbildung 33: Aggregationsmechanismus für Risikoindikatoren

Aggregation
Zu Reportingzwecken ist eine Aggregation der Einzelindikatoren auf die Bereichs- oder Gesamtbankebene erforderlich. Das Hauptproblem der Aggregation besteht darin, dass durch die Verdichtung der Informationen der Frühwarncharakter des Systems leidet. So ist es nicht zielführend, zuzulassen, dass eine große Zahl grüner Ampeln einzelne rote Ampeln dominieren und somit eine vermeintlich risikolose Situation ausgewiesen wird. Daher ist es zweckmäßig, neben beispielsweise gewichteten Mittelwerten Regeln einzuführen, welche die Dominanz roter und gegebenenfalls auch gelber Ampeln sicherstellen. Beispielsweise kann ein dem schulischen Versetzungssystem ähnlicher Mechanismus etabliert werden, der trotz einem rechnerisch gutem Mittelwert dafür sorgt, dass bei Vorliegen einer bestimmten Anzahl roter und/oder gelber Ampeln eine rote Ampelfarbe angezeigt wird, wenn also die entsprechenden Indikatoren auf Bereiche mit erheblichem Risiko hinweisen.

Berichtswesen
Schließlich sollte ein Berichtswesen (siehe auch Abschnitt 5.6) dafür sorgen, dass die entsprechenden Entscheidungsträger mit aussagekräftigen Informationen für entsprechende Maßnahmen versorgt werden. Dabei bietet sich an, neben den jeweils aktuellen Werten – gegebenenfalls sowohl für Einzelindikatoren als auch für eine aggregierte Sicht – auch die historische Entwicklung abzubilden, damit Trends erkannt werden können. Somit können im Einzelfall auch dann bereits Maßnahmen ergriffen werden, wenn der gelbe Bereich noch nicht erreicht ist, jedoch ein Trend im grünen Bereich in Richtung gelber Bereich erkennbar ist. Umgekehrt kann leichter entschieden werden, ob eine aktuell gelbe oder rote Ampel einen Ausreißer darstellt oder eine systematische Verschlechterung ausdrückt.

Aktualisierung
Risikoindikatorensysteme müssen regelmäßig vor dem Hintergrund der gesammelten Erfahrung auf ihre Angemessenheit überprüft werden. Gegebenenfalls müssen einzelne Risikoindikatoren ausgetauscht oder die zugehörigen Schwellwerte modifiziert werden. Im Idealfall erfolgt ein Test der Effektivität des Risikoindikatorensystems durch Korrelationsanalysen mit aufgetretenen Verlusten. Unter der Voraussetzung, dass bei Erreichen von roten bzw. gelben Ampelfarben adäquate Maßnahmen eingeleitet wurden, sollte eine Verminderung der Anzahl aufgetretener Verluste beobachtet werden können. Erfahrungen einiger Banken zeigen, dass entsprechende Zusammenhänge bislang nur sehr vereinzelt etabliert werden konnten. Die mutmaßlichen Gründe hierfür sind vielschichtig und können sowohl auf ein ineffektives Risikoindikatorensystem als auch auf eine Vielzahl weiterer Einflussfaktoren hindeuten, die in der Analyse nicht berücksichtigt wurden.

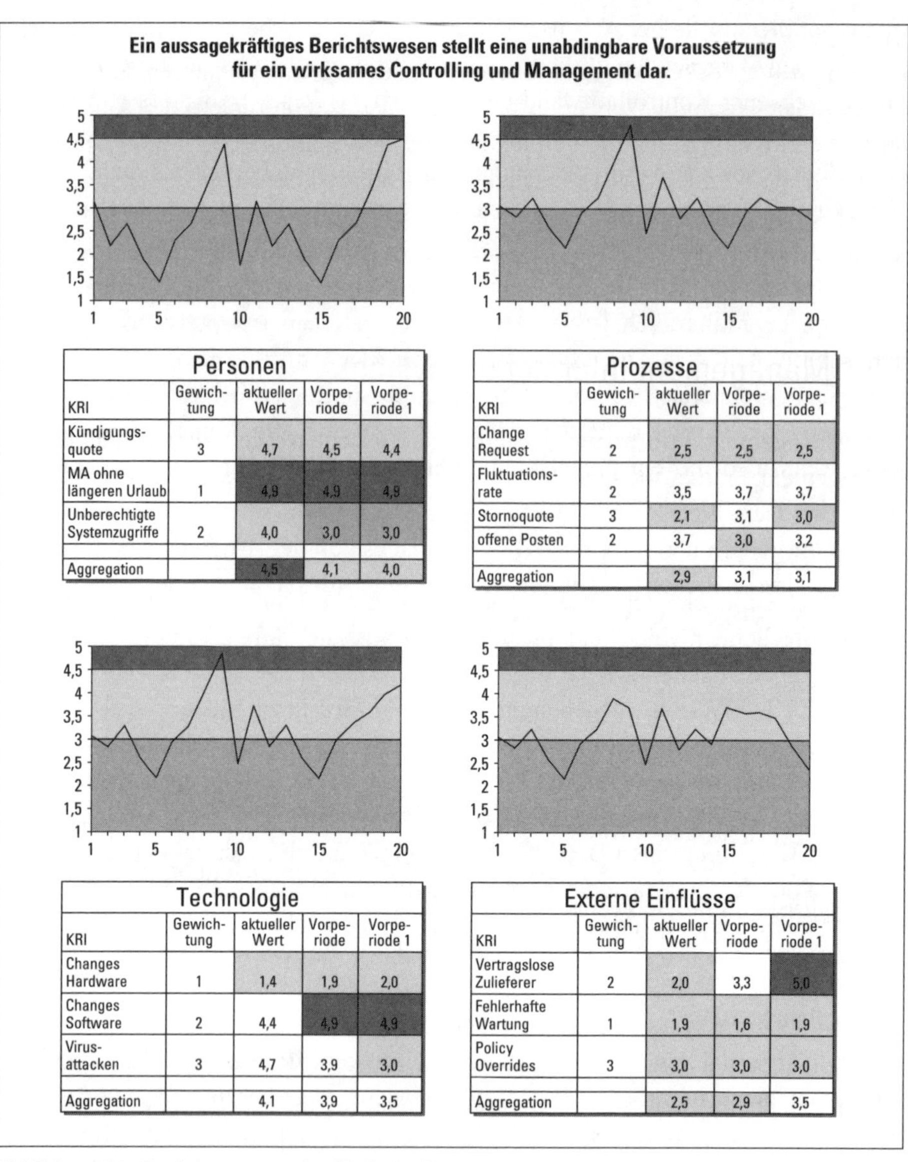

Personen				
KRI	Gewichtung	aktueller Wert	Vorperiode	Vorperiode 1
Kündigungsquote	3	4,7	4,5	4,4
MA ohne längeren Urlaub	1	4,9	4,9	4,9
Unberechtigte Systemzugriffe	2	4,0	3,0	3,0
Aggregation		4,5	4,1	4,0

Prozesse				
KRI	Gewichtung	aktueller Wert	Vorperiode	Vorperiode 1
Change Request	2	2,5	2,5	2,5
Fluktuationsrate	2	3,5	3,7	3,7
Stornoquote	3	2,1	3,1	3,0
offene Posten	2	3,7	3,0	3,2
Aggregation		2,9	3,1	3,1

Technologie				
KRI	Gewichtung	aktueller Wert	Vorperiode	Vorperiode 1
Changes Hardware	1	1,4	1,9	2,0
Changes Software	2	4,4	4,9	4,9
Virusattacken	3	4,7	3,9	3,0
Aggregation		4,1	3,9	3,5

Externe Einflüsse				
KRI	Gewichtung	aktueller Wert	Vorperiode	Vorperiode 1
Vertragslose Zulieferer	2	2,0	3,3	5,0
Fehlerhafte Wartung	1	1,9	1,6	1,9
Policy Overrides	3	3,0	3,0	3,0
Aggregation		2,5	2,9	3,5

Abbildung 34: Berichtswesen für Risikoindikatoren

Ein Beispiel hierfür ist die Quote von Zeitarbeitskräften in Relation zu Festangestellten. Intuitiv wird hier angenommen, dass eine Erhöhung der Quote zu einer Erhöhung der Fehlerquote aufgrund schlecht geschulter oder wenig engagierter Arbeitskräfte zu einem höheren Risiko führt. Tatsächlich kann in der Praxis oft beobachtet werden, dass die Fehlerquote sogar abnehmen kann. Dies ist auf eine intensivere Kontrolle der Arbeitsergebnisse dieser Zeitarbeitskräfte durch die entsprechenden Vorgesetzten zurückzuführen. Wenn möglich, ist in diesem Fall also ein gewachsener Kontrollaufwand bei der Analyse dieses Indikators ebenfalls zu berücksichtigen. Offensichtlich können Schwierigkeiten bei der Analyse von Indikatoren also sowohl Ausdruck mangelnder Datenverfügbarkeit als auch schlicht mangelnde Erfahrung der Wirkungszusammenhänge sein. Im Zeitablauf ist zu erwarten, dass die Analysemöglichkeiten in dieser Hinsicht zunehmen.

5.6 Management Informationssystem

Das Management Informationssystem oder Berichtswesen als Bestandteil eines Management Frameworks für Operationelle Risiken definiert den Informationsfluss zwischen allen Komponenten dieses Frameworks sowie den beteiligten Informationsgebern und -empfängern. Dabei ist es von der Art, der Anzahl und dem Umfang der restlichen etablierten Komponenten des Frameworks abhängig. Es umfasst eine Beschreibung der generellen Zielsetzung, den eigentlichen Reportingprozess, die Aufgaben und Verantwortlichkeiten aller Beteiligten sowie die technische Umsetzung.

Zielsetzung und Reportingprozess

Die Beschreibung der generellen Zielsetzung des Management Informationssystems legt fest, welche grundsätzlichen Ziele damit verfolgt werden sollen. Dies kann vom täglichen Status aller Risiken an die Geschäftsleitung, über die Meldung nur bestimmte Schwellen überschreitender Ereignisse bis zur einfachen Verlustdatensammlung mit halbjährlicher Berichterstattung reichen. Des Weiteren wird hier definiert, welche Informationen in welcher Form und Frequenz an Externe gegeben werden.

Wesentlich ist, dass das Management der Bank auf allen Ebenen durch das Management Informationssystem sowohl inhaltlich als auch prozessual adäquat unterstützt wird. Dies setzt sowohl entsprechende Verfahren und Methoden zur Informationsermittlung, robuste und fehlerresistente Abläufe bei der Weitergabe, und das Wissen um die Interpretation der Ergebnisse voraus.

Während beispielsweise Indikatoren in den jeweiligen Bereichen in der Regel gut verstanden werden, da sie eine direkte Aussage über den Zustand zum Beispiel eines Prozesses machen, ist ihre Interpretation auf aggregierter Ebene häufig schwieriger. Sie müssen daher zumeist mit Vergleichsdaten angereichert werden. Ähnliches gilt für alle Komponenten des Management Frameworks für Operatio-

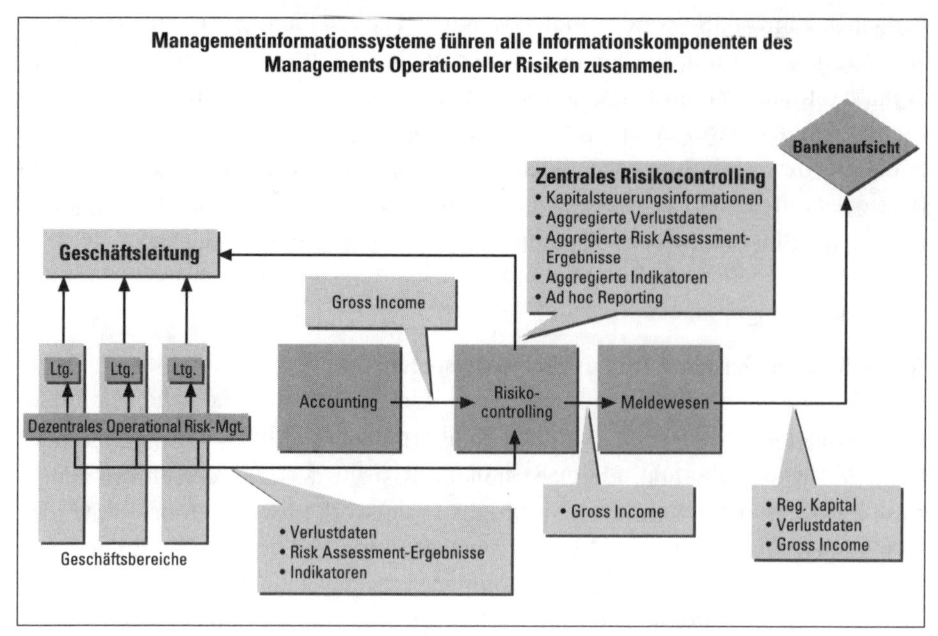

Abbildung 35: Komponenten eines Managementinformationssystems

nelle Risiken, die Informationen liefern oder benötigen. So ist das tägliche Reporting des Value at Risk für Operationelle Risiken möglich, falls ein entsprechendes Quantifizierungsmodell vorhanden ist. Es ist allerdings nicht sinnvoll, da dieser Wert aufgrund seiner vielfältigen Einflussgrößen und Annahmen sowie der vorzugsweise jährlichen Ermittlungsfrequenz keine Aussagekraft für das tägliche Management Operationeller Risiken liefert.

Abhängig vom Umsetzungsgrad der jeweiligen Frameworkkomponenten ist das Management Informationssystem daher entsprechend in seiner Zielsetzung anzupassen. Als Minimalanforderungen gelten dabei die regelmäßige Information der Geschäftsleitung und zuständigen Bereichsleitung in aggregierter Form über alle Ereignisse sowie die unverzügliche Benachrichtigung bei singulären Ereignissen erheblichen Ausmaßes und die regulatorischen Mindestanforderungen, abhängig vom gewählten Ansatz.

Aufgaben und Verantwortlichkeiten

Erst eine klare Festlegung der im Rahmen des Management Informationssystems bestehenden Aufgaben und Verantwortlichkeiten stellt ein Funktionieren über alle Hierarchieebenen und Bereiche einer Bank sicher. Neben einer ersten Trennung nach Informationsgebern und -empfängern ist eine weitere Differenzierung dieser

Aufgaben sinnvoll. So werden in den wenigsten Fällen die Erfasser von Verlustdaten identisch sein mit den für ihre Weitergabe an ein zentrales Risikocontrolling Verantwortlichen. In diesem Prozess kann abhängig von der Größe der jeweiligen Einheiten und des gesamten Unternehmens eine Differenzierung in Verlustdatenerfassung bzw. -meldung, Qualitätskontrolle und Datenfreigabe innerhalb eines Bereiches implementiert werden. Innerhalb des zentralen Risikocontrollings sind Prozessschritte zur weiteren Qualitäts- oder Plausibilitätskontrolle, der entsprechenden Informationsverdichtung und der Weitergabe an die verschiedenen Informationsempfänger zu etablieren.

Auf Seiten der Berichtsempfänger sind entsprechende Verantwortlichkeiten für die Reaktion auf die erhaltenen Informationen (Umsetzung von Maßnahmen) festzulegen. Dabei ist nach Art und Umfang zu differenzieren. Ein regelmäßiger monatlicher Verlustdatenbericht an ein Risikokomitee ohne besondere Ereignisse wird eine andere Behandlung erfahren als ein ad hoc-Report über eine aufgedeckte Unterschlagung.

Technische Umsetzung
Die technische Umsetzung ist in Umfang, Form und Struktur an den in der Zielsetzung definierten Anforderungen zu orientieren, wobei hinsichtlich ihrer konkreten Ausgestaltung erhebliche Freiräume bestehen. Befindet sich das gesamte Framework noch im Aufbau, sind die Anforderungen im Detail nicht definiert und herrscht gegebenenfalls Unsicherheit über den zu wählenden Ansatz, kann eine kurzfristig orientierte Umsetzung auf Basis von Standardsoftware erfolgen.

Wesentlich ist, dass konzeptionelle Notwendigkeiten nicht deshalb unberücksichtigt bleiben, weil die technische Unterstützung nicht vollständig ist. In den meisten Fällen sind manuelle Schritte möglich, die solche Defizite ausgleichen. Dies kann selbst in Bereichen, wo ein Vier-Augen-Prinzip beziehungsweise Revisionssicherheit erforderlich ist, durch erhöhte manuelle Kontrollschritte dargestellt werden. Nur wenige Systeme, die heute angeboten werden, bringen die notwendige Flexibilität mit, die in der Aufbauphase eines Frameworks notwendig ist. Auch nehmen sie zumeist zu einem gewissen Grad Entscheidungen hinsichtlich anzuwendender Methodik vorweg. Diese sind nachher nur unter hohen Kosten, für die häufig nach einer Aufbauphase nur wenig Akzeptanz besteht, korrigierbar.

Für ein Management Informationssystem existieren daher keine idealen Lösungen, vielmehr sollte eine Abwägung zwischen notwendiger Flexibilität und damit in Kauf genommenem manuellen Mehraufwand abgewogen werden. Für die Zwecke des Risikomanagements ist der Informationsgehalt und seine sinnvolle Interpretation maßgeblich.

Ein Vorstandsreporting kann daher beispielsweise wir folgt gestaltet sein:

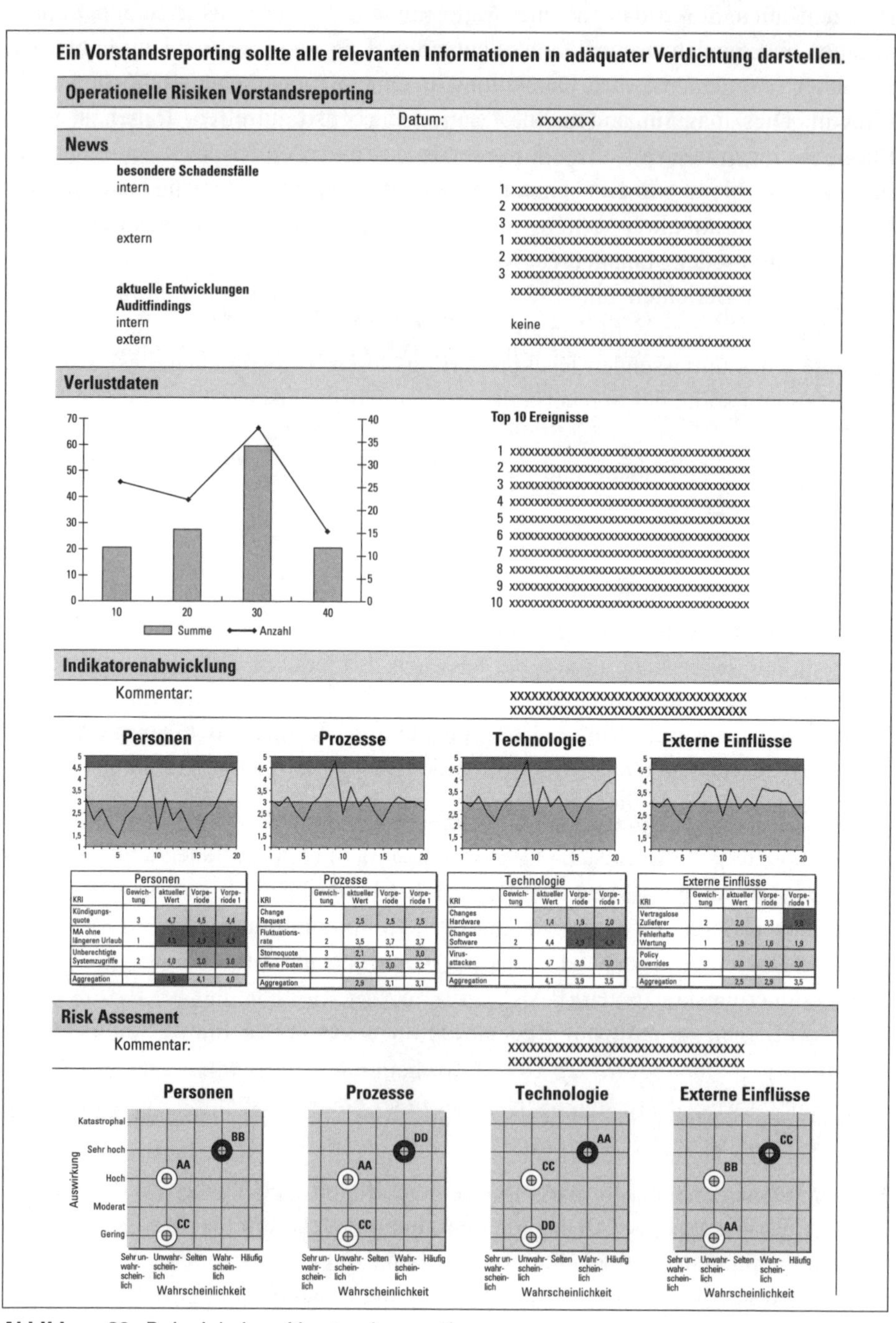

Ein Vorstandsreporting sollte alle relevanten Informationen in adäquater Verdichtung darstellen.

Operationelle Risiken Vorstandsreporting

Datum: xxxxxxxx

News

besondere Schadensfälle

intern
1 xxxxxxxxxxxxxxxxxxxxxxxxxxxxxxxxxxxxxxx
2 xxxxxxxxxxxxxxxxxxxxxxxxxxxxxxxxxxxxxxx
3 xxxxxxxxxxxxxxxxxxxxxxxxxxxxxxxxxxxxxxx

extern
1 xxxxxxxxxxxxxxxxxxxxxxxxxxxxxxxxxxxxxxx
2 xxxxxxxxxxxxxxxxxxxxxxxxxxxxxxxxxxxxxxx
3 xxxxxxxxxxxxxxxxxxxxxxxxxxxxxxxxxxxxxxx

aktuelle Entwicklungen xxxxxxxxxxxxxxxxxxxxxxxxxxxxxxxxxxxxxxx

Auditfindings

intern keine

extern xxxxxxxxxxxxxxxxxxxxxxxxxxxxxxxxxxxxxxx

Verlustdaten

Top 10 Ereignisse

1 xxxxxxxxxxxxxxxxxxxxxxxxxxxxxxxxxxxxxxx
2 xxxxxxxxxxxxxxxxxxxxxxxxxxxxxxxxxxxxxxx
3 xxxxxxxxxxxxxxxxxxxxxxxxxxxxxxxxxxxxxxx
4 xxxxxxxxxxxxxxxxxxxxxxxxxxxxxxxxxxxxxxx
5 xxxxxxxxxxxxxxxxxxxxxxxxxxxxxxxxxxxxxxx
6 xxxxxxxxxxxxxxxxxxxxxxxxxxxxxxxxxxxxxxx
7 xxxxxxxxxxxxxxxxxxxxxxxxxxxxxxxxxxxxxxx
8 xxxxxxxxxxxxxxxxxxxxxxxxxxxxxxxxxxxxxxx
9 xxxxxxxxxxxxxxxxxxxxxxxxxxxxxxxxxxxxxxx
10 xxxxxxxxxxxxxxxxxxxxxxxxxxxxxxxxxxxxxxx

Indikatorenabwicklung

Kommentar: XXXXXXXXXXXXXXXXXXXXXXXXXXXXXXXXXXX XXXXXXXXXXXXXXXXXXXXXXXXXXXXXXXXXXX

Personen **Prozesse** **Technologie** **Externe Einflüsse**

Personen				
KRI	Gewichtung	aktueller Wert	Vorperiode	Vorperiode 1
Kündigungsquote	3	4,7	4,5	4,4
MA ohne längeren Urlaub	1	[illegible]	4,9	[illegible]
Unberechtigte Systemzugriffe	2	4,0	3,0	3,0
Aggregation		[illegible]	4,1	4,0

Prozesse				
KRI	Gewichtung	aktueller Wert	Vorperiode	Vorperiode 1
Change Request	2	2,5	2,5	2,5
Fluktuationsrate	2	3,5	3,7	3,7
Stornoquote	3	2,1	3,1	3,0
offene Posten	2	3,7	3,0	3,2
Aggregation		2,9	3,1	3,1

Technologie				
KRI	Gewichtung	aktueller Wert	Vorperiode	Vorperiode 1
Changes Hardware	1	1,4	1,9	2,0
Changes Software	2	4,4	[illegible]	[illegible]
Virusattacken	3	4,7	3,9	3,0
Aggregation		4,1	3,9	3,5

Externe Einflüsse				
KRI	Gewichtung	aktueller Wert	Vorperiode	Vorperiode 1
Vertragslose Zulieferer	2	2,0	3,3	[illegible]
Fehlerhafte Wartung	1	1,9	1,6	1,9
Policy Overrides	3	3,0	3,0	3,0
Aggregation		2,5	2,9	3,5

Risk Assesment

Kommentar: XXXXXXXXXXXXXXXXXXXXXXXXXXXXXXXXXXX XXXXXXXXXXXXXXXXXXXXXXXXXXXXXXXXXXX

Personen **Prozesse** **Technologie** **Externe Einflüsse**

Abbildung 36: Beispiel eines Vorstandsreportings

Wesentlich ist neben der Darstellung aktueller Information die Steuerungsrelevanz derselben. So kann ein solches Reporting wie erwähnt Aussagen zum ökonomischen und regulatorischen Kapital enthalten. Da sich diese aber kaum unterjährig ändern werden, ist ihre Darstellung in einem monatlichen Reporting nicht sinnvoll. Dies mag für andere Informationen ebenso zutreffen. Daher ist jedes Reporting regelmäßig auf diese Anforderungen zu überprüfen. Nur wenn es steuerungsadäquat bleibt, wird es benutzt werden. Vor diesem Hintergrund ist es erstrebenswert, wenn möglich, das Reporting über Operationelle Risiken in ein bestehendes Risiko- oder Management Reporting zu integrieren. Die Praxis zeigt, dass ein zuviel an Berichten und Informationen vom designierten Empfänger nicht mehr wahrgenommen wird. Beispiele selbst von Risikovorständen, die nur die erste Seite eines umfassenden Risikoreportings lesen, verdeutlichen diese Notwendigkeit. Somit sollte der Schwerpunkt auf den Übersichtscharakter gelegt werden. Bei daraus resultierendem detaillierten Informationsbedarf kann dieser durch eine gut strukturierte Datenbank und entsprechende Auswertungsmechanismen immer noch gedeckt werden.

5.7 Economic and Regulatory Capital

Wie oben dargestellt, fordert die Bankenaufsicht mit der Neuregelung der Baseler Vereinbarung zur Eigenmittelunterlegung (Basel II) sowie der Neufassung der Brüsseler Capital Adequacy Directive (CAD 3) erstmalig die Ermittlung eines regulatorischen Kapitals für Operationelle Risiken.

Bereits vor Beginn der diesbezüglichen Konsultation hatten einzelne international tätige Banken seit etwa Mitte der 1990er Jahre Versuche zur Ermittlung eines ökonomischen Kapitals für Operationelle Risiken unternommen. Die Notwendigkeit hierzu ergibt sich insbesondere aus der konsequenten Anwendung von Risiko-Ertragssteuerungskonzepten (RAROC und weitere), welche nur bei Berücksichtigung sämtlicher wesentlicher Risikoarten zu unverzerrten Entscheidungsgrößen führen.

Anfängliche Versuche, Operationelle Risiken mit Modellen analog denjenigen zur Ermittlung der Höhe des Markt- bzw. Kreditrisikos zu messen (beispielsweise der Interne Bemessungsansatz IMA) haben sich als wenig erfolgversprechend erwiesen. Gründe hierzu liegen in der Andersartigkeit von Operationellen Risiken (vornehmlich endogene Verursachung im Gegensatz zum exogenen Charakter von Markt- und Kreditrisikoereignissen) sowie einer unzureichenden Datenverfügbarkeit. Aus der Breite des Spektrums von Einzelrisiken, die unter der Risikoart Operationelle Risiken subsumiert werden (von Fehleingaben eines Mitarbeiters über Systemausfälle bis hin zu Naturkatastrophen), resultiert eine Komplexitätssteigerung gegenüber Markt- und Kreditrisiken.

Andererseits ist der Blick in Richtung anderer Disziplinen vielversprechender. Versicherungen, insbesondere Rückversicherungen, sind seit Jahrzehnten mit der Aufgabe betraut, Prämien für Sachversicherungen, beispielsweise Feuerversicherungen, Erdbebenversicherungen usw. mit teilweise ähnlich problematischer Datenlage zu bestimmen. In den Ingenieurswissenschaften, insbesondere in den Anwendungen im Bereich Raumfahrt sowie im Militär, werden seit einigen Jahrzehnten quantitative Untersuchungen zur Ausfallursache und -wahrscheinlichkeit kritischer Komponenten und daraus resultierender Risiken für den Missionserfolg durchgeführt.

5.7.1 Überblick über Quantifizierungsmodelle

Grundsätzlich unterscheidet man bei Quantifizierungsmodellen zwischen top down und bottom up-Ansätzen, obgleich die Zuordnung zu einer dieser Kategorien nicht immer eindeutig ist.

Top down-Ansätze ermitteln eine ökonomische oder regulatorische Kapitalunterlegung auf einer aggregierten Ebene (in der Regel Gesamtbank oder Konzern) und verteilen diese anschließend auf die einzelnen Untereinheiten (Bereiche, Abteilungen etc.). Bottom up-Ansätze ermitteln Kapitalunterlegungen für kleinere Einheiten (Bereiche, Abteilungen) und aggregieren die Detailergebnisse zu einem Gesamtergebnis für die Gesamtbank bzw. den Konzern.

Während top down-Ansätze geringere Anforderungen an die Verfügbarkeit von Daten für die Berechnung stellen, ist die Entwicklung eines risikosensitiven Verfahrens zur Verteilung des Ergebnisses auf die Untereinheiten schwierig. Demgegenüber stellen bottom up-Ansätze hohe Anforderungen an die Datenverfügbarkeit und die Aggregation der Detailergebnisse ist nicht trivial (Berücksichtigung von Korrelationen und Portfolioeffekten).

Beispiele für top down-Ansätze sind kosten- oder ertragsbasierte Ansätze (Kapital als Prozentsatz von Kosten- bzw. Ertragsgrößen), CAPM-Verfahren (Börsenwert als Indikator für den Gehalt an Operationellen Risiken) sowie die Ertragsvolatilitätsanalyse (Earnings-at-Risk). Allen gemein ist die mangelnde Risikosensitivität der Bemessungsgröße, die insbesondere low frequency-high severity-Risiken unberücksichtigt lässt, da diese sich nicht hinreichend in den Bemessungsgrößen niederschlagen.

Der Hauptunterschied zwischen den Messmethoden liegt in der Art der Behandlung der Bank und ihrer Unternehmensbereiche.

Top-down	Bottom-up
• Relativ einfache Methode, eine Gesamtzahl für die Bank bzw. den Konzern zu berechnen • Kaum risikosensitiv • Sehr schwer auf Unternehmensbereich herunterzubrechen • Wenig Erkenntnisse für das Management	• Liefert Ergebnisse für einzelne Unternehmensbereiche etc. • Erfassung der Gesamtbank schwierig • Relativ risikosensitiv • Detaillierte Erkenntnisse für das Management

Abbildung 37: Vor- und Nachteile von Quantifizierungsansätzen

Die Mehrzahl der bottom up-Ansätze basiert auf historischen Verlustdaten oder Expertenschätzungen. Diese werden meist über versicherungsmathematische Ansätze, wie sie auch zur Berechnung von Prämien im (Rück-)Versicherungsgeschäft benutzt werden, teilweise unter Verwendung der Extremwerttheorie (Extreme Value Theory/EVT) zwecks expliziter Berücksichtigung hoher, seltener Verluste modelliert.

Einige Banken betrachten top down-Ansätze als „quick-and-dirty"-Einstieg in die Quantifizierungsthematik, die sukzessive bei Verbesserung der Datenlage und Weiterentwicklung methodischer Kenntnisse durch bottom up-Ansätze ersetzt werden. Die folgende Darstellung beschränkt sich auf die bottom up-Ansätze.

5.7.2 Bottom up Quantifizierungsmodelle

In den vergangenen Jahren haben sich bei den bottom up-Ansätzen drei Klassen herauskristallisiert, die zur Zeit als am ehesten geeignet gelten:

- Verlustverteilungsansatz (Loss Distribution Approach/LDA),
- Szenariobasierter Ansatz (Scenario based Approach/ScA),
- Risk Drivers and Controls Approach/RDCA.

Einzelne Banken haben diese Ansätze in teilweise sehr unterschiedlicher Weise umgesetzt, die folgende Beschreibung skizziert Kernbestandteile der einzelnen

Ansätze. Aufgrund der grundsätzlichen Offenheit der Qualifikationskriterien für AMA-Modelle ist zu erwarten, dass in Zukunft weitere Ansätze, die sich nicht ohne weiteres einer der genannten drei Klassen zuordnen lassen, entwickeln.

Zunächst ist festzuhalten, dass die Quantifizierung von Operationellen Risiken im Gegensatz zu entsprechenden Ansätzen im Markt- bzw. Kreditrisiko fundamental von subjektiven beziehungsweise qualitativen Elementen abhängt. Dies ist einerseits durch die Eigenart der Risikoart, von bankindividuellen Prozessen, Systemen und Mitarbeitern abzuhängen, bedingt, andererseits trägt die mangelhafte Verfügbarkeit historischer Daten hierzu bei.

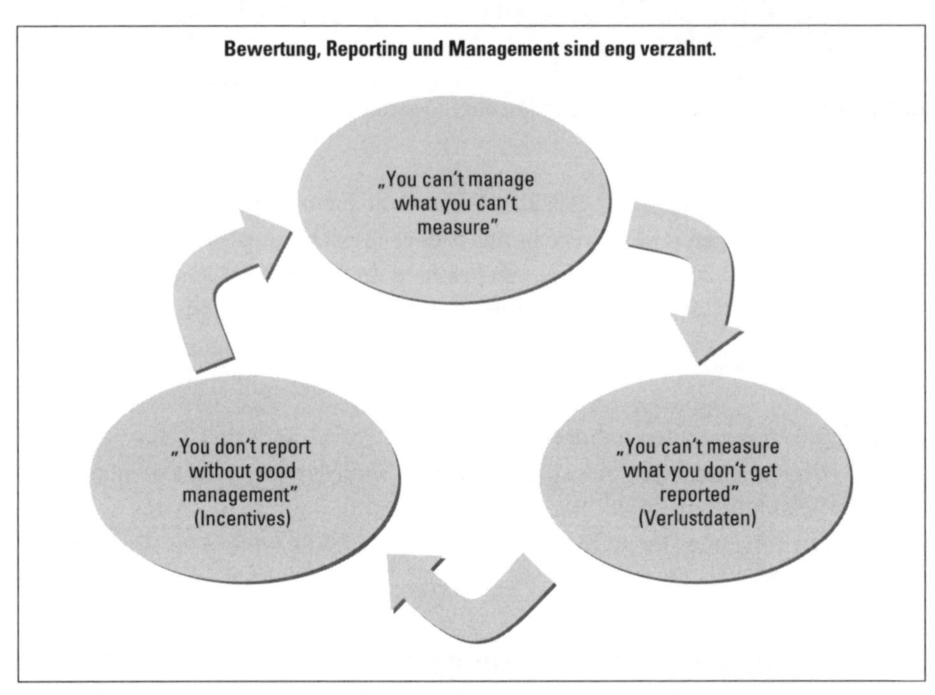

Abbildung 38: Zusammenhang zwischen Messung, Reporting und Management

Ein vielzitierter Satz im Risikomanagement-Umfeld lautet: „you can't manage what you can't measure". Losgelöst von der Debatte, wie viel Wahrheit in dieser Aussage steckt, lässt sich festhalten, dass im Bereich Operationelle Risiken die These gilt: „you can't measure what you don't get reported". Basis jeglicher existierender Modelle zur Quantifizierung Operationeller Risiken stellen Daten dar, die entweder manuell erhoben und bewertet wurden (beispielsweise Verlustdaten) oder die direkt Expertenmeinungen reflektieren (beispielsweise Szenarien). Zur konsequenten und konsistenten Erhebung wiederum sind – wie bereits an verschiedenen Stellen ausgeführt – Anreize erforderlich: „you don't report without good management".

Verlustverteilungsansätze basieren zumeist auf versicherungsmathematischen Modellen. Charakteristikum der versicherungsmathematischen Ansätze ist die getrennte Betrachtung und Modellierung der Häufigkeit von Verlustereignissen sowie der Schwere ihrer Auswirkungen. Dies ermöglicht eine effizientere Ausnutzung der Datenbasis sowie die individuellere Anpassung an veränderte Gegebenheiten (zum Beispiel Erhöhung der Häufigkeit bei gleichbleibender Form der Höhenverteilung im Falle einer Geschäftsausweitung).

Betrachtungsgegenstand sind üblicherweise Kombinationen von Unternehmensbereichen und Risikokategorien (beispielsweise Firmenkunden/Externe Ereignisse, im folgenden Zellen genannt). Dies resultiert einerseits daraus, dass zu Steuerungszwecken Ergebnisse für einzelne Unternehmensbereiche gewonnen werden sollen und diese sich üblicherweise in ihrem Risikoprofil voneinander unterscheiden. Andererseits wird angenommen, dass Ereignisse in einer Risikokategorie (Ereigniskategorie) homogen sind und daher einer gemeinsamen Verteilung folgen. Grundsätzlich kann für jede Zelle eine eigene Verteilungsannahme bezüglich der Verlusthäufigkeit und -höhe getroffen werden, in der Praxis verhindert jedoch die geringe Datenverfügbarkeit meist die vollständige Ausschöpfung dieses Potenzials. In vielen Fällen beschränkt man sich auf die Wahl einer für alle Zellen gleichen Verteilungsform, die am ehesten empirisch gestützt werden kann.

Zur Modellierung der Häufigkeit werden in der Regel diskrete Verteilungen (Zählverteilungen) benutzt. Das klassische (kanonische) Modell der Versicherungsmathematik basiert auf der Poisson-Verteilung mit dem Parameter λ, welcher gleichzeitig Mittelwert und Standardabweichung repräsentiert. Alternative Verteilungsformen sind beispielsweise die Binomialverteilung sowie die negative Binomialverteilung. Zu den Vorteilen der Poisson-Verteilung – auch Verteilung der seltenen Ereignisse genannt – zählen die Robustheit und die einfache Anpassung an geänderte Datensituationen (zum Beispiel Änderung der Bagatellegrenze).

Die Schwere der Auswirkungen von Verlustereignissen aus Operationellen Risiken wird anhand einer stetigen Verteilung modelliert. Diese muss den Charakteristika der zugrundeliegenden Verlustdaten Rechnung tragen. Hierzu gehören die Schiefe der Verteilung sowie die Tatsache, dass hohe Verluste mit einer deutlich höheren Wahrscheinlichkeit als bei einer entsprechenden Normalverteilung eintreten („fat tail"). Eine Vielzahl von Verteilungen ist hierzu grundsätzlich geeignet, Beispiele sind die Paretoverteilung, die Lognormalverteilung und die Weibullverteilung. Die

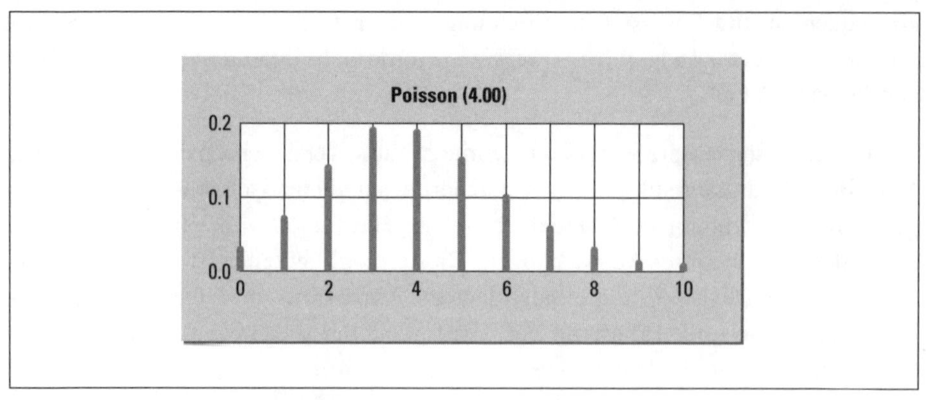

Abbildung 39: Poisson-Verteilung

infrage kommenden Verteilungen haben mindestens zwei Parameter, die Lage (Mittelwert μ) und Streuung (Standardabweichung σ) abbilden. Darüber hinaus haben einzelne Verteilungen noch einen dritten Parameter, welcher die Verteilungsform beeinflusst (Schiefe) und in seltenen Fällen sogar einen vierten Parameter zur Steuerung der Wölbung (Kurtosis). Die Wahl einer Schwereverteilung sollte, wie auch im Falle der Häufigkeitsverteilung, aufgrund ökonomischer Annahmen sowie, sofern angesichts der verfügbaren Datenbasis durchführbar, anhand der Güte der Anpassung an das Datenmaterial erfolgen.

Ein Spezialfall liegt vor, wenn die Modellierung auf die hohen Verluste fokussiert (Extremwerttheorie bzw. Extreme Value Theory). Dieser aus dem späten 19. Jahrhundert stammender Ansatz wurde ursprünglich zur Ermittlung der erforderlichen

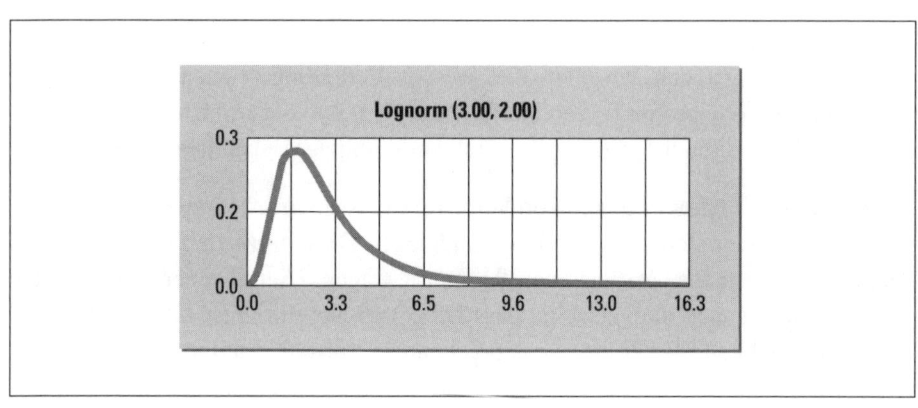

Abbildung 40: Lognormalverteilung

Deichhöhe an den Meeresküsten der Niederlanden eingesetzt. Dabei kommt es weniger auf den alltäglichen Tidenhub, sondern vielmehr auf die Höhe von Springfluten an. Somit wurden als Datengrundlage nicht tägliche Fluthöhen sondern die jährlichen Maxima der Fluthöhen herangezogen. Analog kann man zur Modellierung der Operationellen Risiken lediglich auf die höchsten Verluste in einer Periode (Block Maxima-Methode) bzw. diejenigen Verluste, die eine definierte Schwelle überschreiten (Peaks over Threshold-Methode), fokussieren.

Methoden zur Parameterschätzung müssen berücksichtigen, dass Daten links einer Bagatellegrenze nicht verfügbar sind (Trunkierung). Ferner müssen sie eine verlässliche Ableitung der Eigenschaften des Tails ermöglichen. Grundsätzlich sind daher Maximum Likelihood-Schätzverfahren den klassischen Momentenschätzern überlegen, da sie flexibler an vergangene Datensituationen angepasst werden können.

Bezüglich des Zusammenhangs zwischen Häufigkeit und Schwere wird üblicherweise angenommen, dass die beiden zugrundeliegenden Verteilungen unabhängig voneinander sind, das heißt, dass die Anzahl der Verluste keinen Einfluss auf die jeweilige Schwere der einzelnen Ereignisse hat. Diese Annahme erscheint aus ökonomischer Sichtweise oft, aber nicht immer, gerechtfertigt.

Im exemplarischen Fall der Annahme einer Poisson-Verteilung für die Verlusthäufigkeit und einer Lognormalverteilung für die Verlusthöhe ergibt sich folgende Darstellung für den Gesamtverlust S:

$$S = \sum_{i=0}^{N} L_i$$

$$N \sim \text{Po}(\lambda)$$

$$\ln L_i \sim \text{iid N}(\mu, \sigma)$$

Verbal bedeutet dies, dass der Gesamtverlust S eines Geschäftsbereichs in einer Risikokategorie einer stochastischen Summe unabhängig identisch lognormalverteilter Einzelverluste L_i entspricht, wobei die Anzahl der Summanden einer Poisson-Verteilung folgt.

Ferner müssen Annahmen bezüglich der Korrelationen zwischen Ereignissen in unterschiedlichen Risikokategorien bzw. Bereichen getroffen werden. Da in der Regel keine ausreichende Datenbasis vorliegt, um diese empirisch bestimmen zu können, muss die Festlegung aufgrund von Expertenmeinungen erfolgen. Am häufigsten ist dabei die Annahme der Unkorreliertheit (Korrelationskoeffizient 0) bzw. der vollständigen positiven Korrelation (Korrelationskoeffizient 1) zu finden.

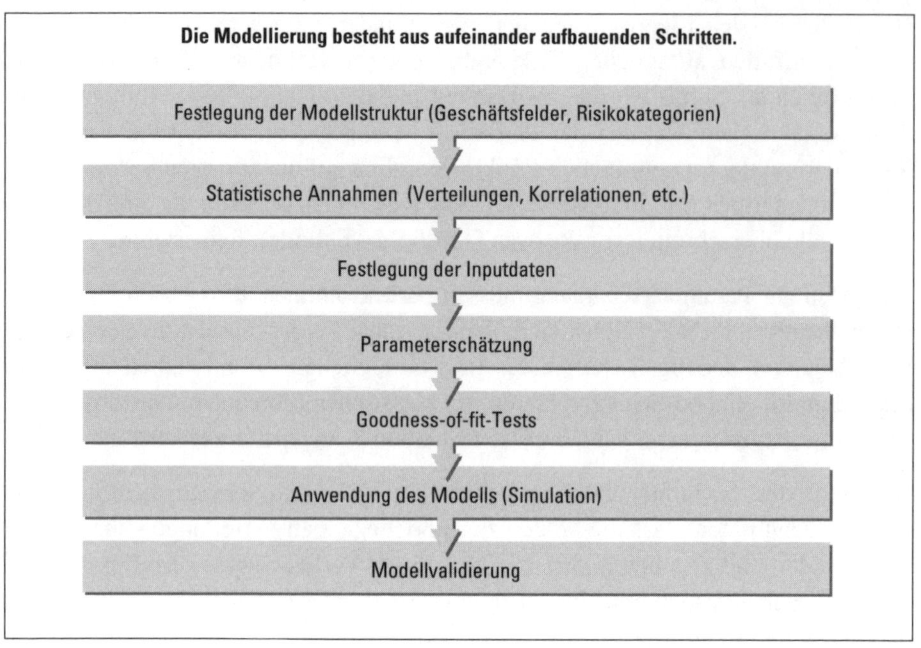

Abbildung 41: Ablauf des Modellierungsprozesses

Beispiele für Unkorreliertheit sind die Ereignisse „Erdbeben" und „interne kriminelle Handlungen", Beispiele für vollständig positive Korrelation der Ausfall eines zentralen IT-Systems, welches alle Bereiche der Bank bedient und somit zu korrelierten Ereignissen in unterschiedlichen Bereichen führt. Überzeugende Beispiele für negativ korrelierte Ereignisse sind im Bereich der Operationellen Risiken kaum zu finden.

Ein wichtiger Punkt bei der Erstellung eines Quantifizierungsmodells bzw. der Umsetzung von AMA-Modellen ist die Zusammenführung von Erkenntnissen aus unterschiedlichen Datenquellen (beispielsweise interne Verlustdaten, Data sharing-Daten, externe öffentliche Verlustdaten, Szenarioanalysen etc.).

Die Zusammenführung auf Ebene der Einzeldaten ist üblicherweise nicht zielführend, da die Daten in ganz unterschiedlichem Kontext erhoben wurden und spezifische Verzerrungen bezüglich der Häufigkeit der Beobachtungen in verschiedenen Bereichen der Verlusthöhe haben (zum Beispiel durch unterschiedliche Bagatellegrenzen bei der Erfassung). In der Versicherungsmathematik wird für ähnliche Fragestellungen (gemeinsame Nutzung interner und externer Daten) die Credibility Theory eingesetzt. Dieses Verfahren gibt internen Daten umso mehr Gewicht, je mehr interne Informationen in Relation zu den externen Informationen verfügbar sind. Eine zweite Möglichkeit, unterschiedliche Datenquellen zusammenzuführen, ist die Methode der Mischungsverteilung, welche gewissermaßen eine Verallgemeinerung der Credibility Theory darstellt.

Für die Zusammenführung von Häufigkeits- und Schwereverteilungen existiert keine geschlossene Form. Somit sind entweder Approximationsverfahren oder Simulationsverfahren einzusetzen. In den Anfängen der Versicherungsmathematik hatten Approximationsverfahren einen hohen Stellenwert. Aufgrund der hohen Leistung der in Banken üblicherweise verfügbaren Computer hat die Bedeutung von Approximationsverfahren zugunsten der Simulationsverfahren jedoch stark abgenommen.

Zur Durchführung einer Monte-Carlo-Simulation muss das Modell vollständig spezifiziert und parametrisiert sein. Jede Zelle einer Geschäftsbereich-Ereigniskategorie-Matrix wird zunächst getrennt betrachtet. Zuerst erfolgt eine Ziehung aus der vorliegenden Häufigkeitsverteilung. Das Ergebnis dieser Ziehung bestimmt die Anzahl der Ziehungen aus der Schwereverteilung. Die simulierten Einzelverluste werden jeweils aufsummiert, und das Verfahren sehr oft (mindestens 100.000-mal) wiederholt. Somit liegen am Ende des Simulationsprozesses sehr viele mögliche Verlustrealisationen für das kommende Jahr vor.

Aus einem Verlustverteilungsansatz resultieren Value-at-Risk-Werte für alle Zellen sowie für die übergeordneten Einheiten.

	Personen	Technologie	...	Gesamtbereich
Privatkunden	VaR_{11}	VaR_{12}	VaR_{1j}	$VaR_{1\cdot}$
Investment Banking	VaR_{21}	VaR_{22}	VaR_{2j}	$VaR_{2\cdot}$
...	VaR_{i1}	VaR_{i2}	VaR_{ij}	$VaR_{i\cdot}$
Gesamtbank				$VaR_{\cdot\cdot}$

Abbildung 42: Ergebnismatrix des LDA

Aus den derart simulierten Ergebnissen werden jeweils der Mittelwert sowie das gewünschte Quantil bestimmt. Zusätzlich zu den so gewonnenen Ergebnissen je Zelle können die Resultate der Randverteilungen, insbesondere hinsichtlich der Unternehmensbereiche sowie der Gesamtbank unter Berücksichtigung eines Diversifikationseffekts ermittelt werden. Bei Annahme von fehlender Korrelation zwischen den Unternehmensbereichen werden die je Risikokategorie in dem

Unternehmensbereich gewonnenen Simulationsergebnisse unsortiert addiert und anschließend das gewünschte Quantil sowie der Mittelwert berechnet.

Als Alternative zu diversen Ausprägungen des oben geschilderten Verlustverteilungsansatzes werden ebenfalls mehrere Varianten des sogenannten szenariobasierten Ansatzes diskutiert. Bei diesem basieren die Parameter der Verlusthäufigkeits- und Verlustschwereverteilungen nicht auf Schätzungen aus historischen internen und externen Verlustdaten, sondern vielmehr auf Expertenschätzungen im Rahmen eines Risk Assessments bzw. aufgrund von Szenarioanalysen. Externe Verlustdaten werden dabei teilweise als Ausgangspunkt für die Bildung von Szenarien benutzt, interne Verlustdaten dienen der Modellvalidierung. Befürworter eines derartigen szenariobasierten Ansatzes führen die mangelhafte Verfügbarkeit und/oder die mangelnde Validität von Verlustdaten als primären Grund für dieses Vorgehen an.

Der Risk Drivers and Controls Approach basiert meist auf einem Verlustverteilungsansatz, dessen Ergebnis jedoch mehr oder weniger stark durch qualitative Faktoren (gewonnen im Rahmen eines Risk Assessments oder aus Key Risk Indicators) modifiziert wird. Auch hier sollen die qualitativen Elemente die immanente Vergangenheitsbezogenheit der Verlustdaten abschwächen.

Seit der Einführung eines Pflichtkatalogs der Bestandteile eines Ambitionierten Messansatzes (interne Verlustdaten, externe Daten, Szenarioanalyse, Geschäfts- und Kontrollumfeld) ist eine gewisse Konvergenz der unterschiedlichen Ansätze zu erkennen. Trotzdem scheint ein universell akzeptiertes Vorgehen oder eine der Situation im Marktrisiko ähnliche Konstellation (Wahl aus einer kleinen Anzahl von best practice-Methoden, das heißt Varianz-Kovarianz-Ansatz, Historische Simulation oder Monte Carlo-Simulation im Marktrisiko) in absehbarer Zeit nicht aufzutreten.

Alle Modelle zur Quantifizierung Operationeller Risiken versuchen, die risikomindernde Wirkung von Versicherungen abzubilden. Versicherungen sind ein wichtiges Instrument zum aktiven Management von Operationellen Risiken. Diese beeinflussen zwar nicht die Häufigkeit des Auftretens von Verlusten und auch nicht deren eigentliche finanzielle Auswirkungen, jedoch den Einfluss solcher Auswirkungen auf die Gewinn- und Verlustrechnung durch den teilweisen oder vollständigen Ersatz des erlittenen Schadens durch Ausgleichszahlungen.

Da die Anzahl und der Abdeckungsgrad von Versicherungen, die von dem Finanzinstitut abgeschlossen werden, im Zeitablauf nicht konstant sind, sollte die Modellierung der Verlustschwereverteilung wie oben geschildert zunächst auf dem Bruttoverlust (das heißt vor Abzug von Versicherungsleistungen) erfolgen. Die

Berücksichtigung des aktuellen Versicherungsschutzes kann dann modellhaft beispielsweise wie folgt aussehen:

Zunächst müssen alle aktuell bestehenden Versicherungsverträge auf die festgelegten internen Ereigniskategorien des Operationellen Risikos abgebildet werden. Da üblicherweise die policierten Risiken mit den Ereigniskategorien nicht deckungsgleich sind, muss beispielsweise eine pragmatische Aussage über den Abdeckungsgrad von Versicherungen pro Risikokategorie gemacht werden. Diese besagt, bei welchem Anteil der auftretenden Verluste in einer Risikokategorie mit einer Versicherungsleistung zu rechnen ist.

Pro Risikokategorie ist dann ein durchschnittlicher Selbstbehalt d (Teil des Verlusts, den die Bank selbst tragen muss) und eine durchschnittliche Versicherungssumme C (maximale Versicherungsleistung) zu ermitteln. Diese Werte können sich in Abhängigkeit der konkreten Vertragsausgestaltung entweder auf das einzelne Verlustereignis oder auf den Gesamtverlust pro Jahr beziehen (kumulative Deckungssumme).

Im Falle der Betrachtung pro Einzelverlust ergibt sich folgender Zusammenhang:

$$S = \sum_{i=0}^{N} X_i$$

$$X_i = \max(\tilde{X}_i - C + d, \min(\tilde{X}_i, d))$$

Das bedeutet, dass der Gesamtverlust S eines Geschäftsbereichs in einer Risikokategorie einer stochastischen Summe von Einzelverlusten entspricht, welche um den gezahlten Versicherungsschutz vermindert sind.

Ergebnis der Quantifizierung ist somit ein erwarteter Verlust, der als Bestandteil der Standardrisikokosten in die Produktkalkulation einfließen sollte, sowie ein unerwarteter Verlust (Differenz aus Quantil und Erwartungswert), welcher zusammen mit den Ergebnissen der übrigen Risikoarten in das ökonomische Kapital der Bank einfließen sollte. Diese Werte können alternativ mit bzw. ohne Berücksichtigung von Versicherungsleistungen ermittelt werden, was eine Beurteilung der Vorteilhaftigkeit des bestehenden Versicherungsschutzes unterstützt.

Zur Verwendung des Modells als Berechnungsbasis für die regulatorische Kapitalunterlegung gemäß Ambitionierter Messansätze müssen die Nebenbedingungen der Aufsicht erfüllt werden und das Modell muss eine Zulassung erhalten haben.

5.7.3 Modellvalidierung

Ein wichtiger Schritt nach der Aufstellung und Anwendung des Modells ist die Validierung in allen Dimensionen (Modellinput, Modellstruktur, Modellergebnisse, Modellumsetzung).

Erster Schritt ist die Validierung des Modellinputs (um Wirkungszusammenhänge gemäß dem bon mot „garbage in – garbage out" zu verhindern). Zunächst muss überprüft werden, ob alle wesentlichen Einflussfaktoren berücksichtigt wurden. Hierzu gehört neben der Vollständigkeitsüberprüfung der internen und externen Verlustdatenhistorie insbesondere auch die Prüfung, ob Anpassungen an den Verlustdaten aufgrund geänderter Art und Höhe der Geschäftsaktivitäten bzw. aufgrund von systematischen Unterschieden des jeweiligen Instituts zu den Verursachern externer Verluste adäquat vorgenommen wurden. Ferner muss sichergestellt werden, dass Redundanzen vermieden werden, also beispielsweise keine eigenen internen Daten in den externen Daten enthalten sind. Bis zum Erreichen einer Grenze der Verwendbarkeit aufgrund des Alters von Informationen ist die Länge der Datenhistorie wichtig. Dabei sind Strukturbrüche aufgrund von weitreichenden Änderungen an den Prozessen, Produkten und Systemen gegebenenfalls durch qualitative Anpassungen an den Daten zu berücksichtigen.

Schließlich ist die Datenqualität einer der größten Einflussfaktoren überhaupt. Hierzu zählt beispielsweise die korrekte Zuordnung zu Risikokategorien und Geschäftsbereichen, die Exaktheit der angegebenen Verlusthöhen, der Zeitpunkt des Auftretens und Weiteres. Schließlich sollte berücksichtigt werden, dass es insbesondere bei Beginn einer Verlustdatensammlung zu Verzerrungen kommen kann, da die Erfassungsquote von einem in der Regel relativ niedrigen Niveau ausgehend ansteigt und somit die Zahl der gemeldeten, nicht zwangsläufig jedoch die Zahl der aufgetretenen Verluste steigt. Verwendete Szenarien müssen hinsichtlich ihrer Qualität und der Abdeckung aller wichtigen Bereiche der Operationellen Risiken geprüft werden. Gleichermaßen ist die korrekte Abbildung des Geschäfts- und Kontrollumfelds wichtig.

Die meisten der potenziellen Probleme hinsichtlich interner Verlustdaten können durch einen entsprechend gestalteten Prozess der Verlustdatenerhebung und -aufbereitung, der mehrstufige Qualitätskontrollen und Abgleiche mit anderen Informationsquellen (wie beispielsweise Verlustkonten) beinhaltet, zumindest im Zeitablauf sukzessive behoben werden. Auf die Qualität externer Daten hat eine Bank üblicherweise nur geringe Einflussmöglichkeiten, Konsistenzprüfungen sollten jedoch trotzdem durchgeführt werden. Szenarioanalysen und Faktoren des Geschäfts- und Kontrollumfelds können beispielsweise durch die unabhängige Befragung verschiedener Experten bis zu einem gewissen Grad validiert werden.

An zweiter Stelle steht die Validierung des Modells hinsichtlich seiner Struktur und zugrundeliegender Annahmen. Dazu muss geprüft werden, wie gut die Anpassung des Modells an die Realität ist, wobei zu beachten ist, dass ein Modell immer durch Abstraktion, Idealisierung und Komplexitätsreduktion charakterisiert ist und somit eine perfekte Anpassung an die Realität unmöglich ist. Die Prüfung der Modellgüte kann entweder hinsichtlich von Teilaspekten (zum Beispiel Güte der Verteilungsanpassung für externe kriminelle Handlungen im Bereich Geschäftskunden) oder ganzheitlich (Vergleich der Anpassung zweier konkurrierender Modelle) erfolgen.

Vor der Anwendung statistischer Verfahren sollte eine Plausibilitäts- und Konsistenzkontrolle durchgeführt werden. Dazu kann die Meinung nicht an der Modellbildung beteiligter Experten eingeholt werden, die das Modell auf seine sachlogische Aussage hin untersuchen können und der Intuition und Erfahrung widersprechende Sachverhalte aufdecken können.

Zur Prüfung der Verteilungsanpassung stehen eine Reihe von Verfahren zur Verfügung. Dazu gehören statistische Tests (t-Test, χ^2-Anpassungstest, Rangkorrelationen) sowie graphische Verfahren (Histogramme, QQ-Plots). Besondere Relevanz hat hierbei die Betrachtung der Anpassungsgüte von höheren Momenten (Schiefe, Wölbung) sowie des Tails der Verteilung. Andererseits ist ein overfitting, das heißt die Verwendung zu vieler Parameter und damit die nur scheinbare Erhöhung der Genauigkeit der Anpassung, zu vermeiden, da die Sensitivität des Modells auf nur geringfügig geänderte Datenbasen tendenziell mit der Erhöhung der Modellkomplexität steigt. Je geringer die verfügbare Datenbasis ist, umso mehr sollten graphische Verfahren im Vordergrund stehen, da die Aussagekraft statistischer Tests in der Regel zu gering ist.

Bei der Prüfung der gesamthaften Modellgüte steht die Frage im Vordergrund, wie wahrscheinlich es ist, dass die Inputdaten vom verwendeten Modell erzeugt wurden. Im Falle des Einsatzes von Maximum Likelihood-Schätzverfahren können Likelihood-Ratio-Tests verwendet werden, um die Güte der Anpassung zu beurteilen. Alternativ kann die Modellauswahl anhand von Informationskriterien (Akaike Information Criterion AIC bzw. Bayes Information Criterion BIC) vorgenommen werden. Diese Methoden berücksichtigen die Tatsache, dass ceteris paribus ein Modell mit einer höheren Anzahl an Freiheitsgraden (das heißt einer höheren Anzahl an Parametern) grundsätzlich eine bessere Anpassung an die Datenbasis ermöglicht. Daher wird die Anzahl der im Modell verwendeten Parameter mit einer Bestrafungsfunktion berücksichtigt.

Schließlich ist der Modelloutput zu validieren. Dieser besteht üblicherweise aus Erwartungswerten sowie hohen (zum Beispiel 99,9 Prozent) Quantilen der Verlustverteilungen. Naturgemäß bereitet die Validierung von Quantilen die größten Probleme, aber selbst die Überprüfung des Erwartungswertes ist nicht einfach, da dieser durch seltene, hohe Verluste beeinflusst wird, diese jedoch in Vergleichshistorien nicht oder nur unzureichend vorhanden sind.

Aus dem Marktrisikobereich ist das Verfahren des Backtesting bekannt. Dabei werden prognostizierte Portfoliowertveränderungen mit tatsächlichen Wertschwankungen (Profit and Loss/P&L) verglichen. Bei einem beim Marktrisiko üblichen Prognosehorizont (Haltedauer) von einem Tag und einem Konfidenzniveau von 99 Prozent bedeutet dies, dass im Schnitt (bei 250 Handelstagen pro Jahr) 2,5 mal im Jahr der Value-at-Risk überschritten wird. Mit statistischen Verfahren kann dann überprüft werden, ob die tatsächliche Anzahl der Überschreitungen signifikant vom erwarteten Wert abweicht.

Aufgrund des für Operationelle Risiken üblichen Prognosehorizonts von einem Jahr und der aus aufsichtsrechtlichen oder Gesamtbanksteuerungsgründen gewählten Konfidenz von mindestens 99,9 Prozent ist eine direkte Übertragung des Verfahrens ausgeschlossen: im Schnitt würde eine Überschreitung alle 1.000 Jahre erwartet, was eine mindestens jährlich durchzuführende Modelloutputvalidierung auf dieser Basis unmöglich macht.

Ein ebenfalls aus dem Marktrisiko bekanntes Verfahren zur Überprüfung der Modellgüte ist das Stress testing. Hierbei wird überprüft, inwieweit das Modell in der Lage ist, extreme Konstellationen abzubilden und zu im Rahmen der Toleranz korrekten Prognosen führt. Aufgrund der Andersartigkeit der Datenbasis hinsichtlich Operationeller Risiken ist eine analoge Durchführung solcher Verfahren nicht möglich, allerdings kann versucht werden, mit Szenarioanalysen entsprechende Untersuchungen durchzuführen.

Aus den Ergebnissen der Prüfung der Modellgüte kann sich die Notwendigkeit einer Modellkalibrierung ergeben. Dies bedeutet, dass Modellparameter, die nicht direkt aus objektiven Daten abgeleitet werden können, derart angepasst werden, dass sich der Modelloutput in einem mit der Realität vereinbaren Bereich bewegt. Dieses auch in physikalischen Verfahren übliche Einstellen des Modells darf allerdings nur in einer begründbaren Weise vorgenommen werden. Insbesondere ist darauf zu achten, dass bei der im Zeitablauf wiederholten Anwendung des Modells keine willkürlichen Änderungen der ursprünglich vorgenommenen Kalibrierungsgrößen notwendig werden, die sich nicht aufgrund substantiell geänderter Rahmenbedingungen erklären lassen.

Schließlich muss geprüft werden, inwieweit die IT-technische Umsetzung des Quantifizierungsmodells korrekt durchgeführt wurde. Dazu zählt einerseits die Prüfung, inwieweit mathematische Formeln in entsprechenden Programmcode umgesetzt wurden. Andererseits muss sichergestellt werden, dass die im Programm verwendeten Algorithmen den Anforderungen entsprechen. Insbesondere ist die Qualität des Zufallszahlengenerators sowie dessen Transformation auf die gewählte Verteilungsannahme entscheidend. Häufige Unzulänglichkeiten entsprechender Softwaremodule sind Häufungen von Zufallszahlen in gewissen Bereichen, Korrelationen innerhalb der Serie von Zufallszahlen sowie numerische Probleme (beispielsweise die Unterscheidbarkeit von Zahlen nahe Null von Null).

5.7.4 Ökonomisches Kapital

Das ökonomische Kapital (Risikokapital) ist das Kapital, welches einzelne Geschäftsbereiche einer Bank benötigen, um die Risiken, die im Rahmen der Geschäftstätigkeit eingegangen werden, mit einer vorgegebenen Wahrscheinlichkeit abzufedern. Die Wahrscheinlichkeit, dass das ökonomische Kapital hierzu nicht ausreicht, wird üblicherweise mit dem Zielrating (und somit der angestrebten Ausfallwahrscheinlichkeit) des Instituts gleichgesetzt.

Das den einzelnen Geschäftsbereichen zugeordnete Risikokapital wird üblicherweise mit einem Sollverzinsungsanspruch (hurdle rate) unterlegt. Somit kann die Profitabilität eines jeden Geschäftsbereichs unter Berücksichtigung der Erträge, Kosten und Risiken einheitlich beurteilt werden (risikoadjustierte Performancemessung).

Operationelle Risiken müssen bei der Ermittlung des ökonomischen Kapitals, welches sich auf den Gesamtrisikogehalt der Bank bezieht, berücksichtigt werden. Grundsätzlich sind Modelle, die sich an den Anforderungen Ambitionierter Messansätze orientieren, geeignet, eine Zulieferung zum ökonomischen Kapital darzustellen. Im Gegensatz dazu ist von der Verwendung von Ergebnissen des Basisindikator- beziehungsweise Standardansatzes für diese Zwecke eher abzuraten, da die mangelnde Risikosensitivität dieser Verfahren zu Fehlsteuerungen führen kann.

Bei der Ermittlung des ökonomischen Kapitals sind möglicherweise unterschiedliche Konfidenzniveaus und Haltedauern der einzelnen Risikobestandteile zu berücksichtigen. Ferner spielt die Korrelation der Risikoarten untereinander eine wichtige Rolle. Während im unrealistischen Fall der vollständigen Korrelation die Ergebnisse der einzelnen Risikoarten addiert werden können, resultieren bei nicht vollständiger Korrelation oder sogar Unkorreliertheit deutlich geringere Kapitalbeträge. Deren Ermittlung, die sich teilweise wie im Falle der Kapitalmodelle für Operationelle Risiken auf Copulas stützen kann, soll hier aufgrund des sehr technischen Charakters nicht weiter ausgeführt werden.

5.8 Risk IT

Unter Risk IT wird die IT-Infrastruktur, die zur Unterstützung des Prozesses zum Management Operationeller Risiken benötigt wird, verstanden. Dies kann von einfachen, MS-Office-basierten Erfassungsmasken zur Verlustdatensammlung und Durchführung von Risk Assessments bis hin zu spezialisierten, integrierten webbasierten Anwendungen und Datenbanken reichen.

Die Erfordernisse der IT-Unterstützung werden im Wesentlichen von Größe und Komplexität des Finanzinstituts (Zahl der Filialen und Auslandsstützpunkte etc.) sowie den fachlichen Anforderungen determiniert. Nebenbedingung sollte in Anbetracht der üblicherweise verfügbaren Personalkapazitäten die Minimierung des zentral zu leistenden Administrationsaufwands sein. Die Zahl der zur Verfügung stehenden Komplettsysteme hat sich in den letzten Jahren deutlich erhöht, allerdings konnte sich bislang kein Marktführer etablieren. Einige Softwarepakete sind im Rahmen entsprechender Auftragsarbeiten für einzelne Banken entstanden und wurden anschließend mit erhöhter Flexibilität zur Abdeckung der Wünsche eines weiteren Kundenkreises ausgestattet, andere wurden von vornherein als Standardsoftware konzipiert und am Markt angeboten. Alle haben gemeinsam, dass aufgrund der fehlenden Standardisierung immer bestimmte methodische oder prozessuale Entscheidungen bei ihrer Entwicklung getroffen werden mussten, die für den jeweiligen Anwender häufig eine Festlegung auf bestimmte Methoden oder Verfahren mit sich bringt.

5.8.1 Grundlegende Anforderungen an ein IT-System

Grundfunktionalitäten integrierter Softwarepakete für Operationelle Risiken sind die dezentrale Erfassung von Daten (Verlustdaten, Risikoindikatoren, Antworten auf Risk Assessment-Fragebögen), dezentrale Ad-hoc-Auswertung in den jeweiligen Bereichen (Auswertung der Verlustdatenhistorie, Errechnung von bereichsspezifischen Indikatoren-Scores, Ermittlung eines Risk Assessment-Ratings), zentrale Auswertung über alle Bereiche (Ermittlung des regulatorischen und ökonomischen Kapitals, Aggregation und vergleichende Darstellung von Ergebnissen aller Komponenten Operationeller Risiken zum Vorstandsberichtswesen) sowie die zentrale und/oder dezentrale Administration (Benutzer und andere Stammdaten).

Die Auswahl eines konkreten Softwareprodukts sollte sich immer an den fachlichen und technischen Anforderungen orientieren und nicht umgekehrt die Ausgestaltung der Methoden des Management und Controllings Operationeller Risiken auf die verfügbaren Funktionalitäten eines gewählten Tools beschränkt werden.

Tabelle 10: Beispiele für Anforderungen an ein IT-System

fachlich	technisch
Datenhistorisierungsmethoden	Unterstützte Datenbanken
Datenimportfunktionalitäten	Verwendete Programmiersprache
Datenexportfunktionalitäten	Verschlüsselungsmethode
Workflow-Unterstützung	Multiuserkonzept
Auswertungsfunktionalitäten	Mandantenfähigkeit
Erweiterbarkeit der Datenfelder	Performance
Graphische Anzeigen	Hardwareanforderungen
Benutzerrollen und -rechte	Betriebssystemanforderungen
Benutzerfreundlichkeit	Zusatzsoftwareanforderungen
Anpassbarkeit	Implementierungsdauer

Sofern gewünscht, müssen Schnittstellen zu anderen Systemen (zum Beispiel zur automatischen Erfassung von Risikoindikatoren) vorhanden sein, wobei eine Kosten-Nutzen-Analyse in Anbetracht der in vielen Fällen geringen Erfassungsfrequenz Entscheidungsbasis sein sollte.

Insbesondere zur Sicherstellung der Verwendbarkeit für AMA-Modelle liegt die Hauptanforderung an ein IT-System auf dem Aufbau von konsistenten Datenhistorien. Diese umfassen interne und externe Verlustdaten, Detailergebnisse sowie Ratings aus Risk Assessment und Risikoindikatoren sowie darauf aufbauende Bewertungen (ökonomisches bzw. regulatorisches Kapital).

Die Hauptschwierigkeit bei der Historisierung von Daten bezüglich Operationeller Risiken besteht insbesondere in Umstrukturierungen und den daraus resultierenden Neuzuordnungen von Datenpunkten. Dies zeigt wiederum die Wichtigkeit einer einheitlichen Datenstruktur für alle Komponenten. Ferner muss sichergestellt sein, dass Änderungen an den Datenhistorien aufgrund neuer Erkenntnisse bzw. ergänzender Informationen möglich sind (zum Beispiel bei nachträglicher Verlustminderung durch Versicherungsleistungen).

Ein weiterer wichtiger Aspekt ist die IT- und Revisionssicherheit des Systems. Einerseits muss sichergestellt werden, dass gespeicherte vertrauliche Daten nur berechtigten Personen zugänglich sind. Somit ist ein Schutz vor unberechtigtem Zugriff sowohl von innerhalb als auch von außerhalb der Bank erforderlich. Andererseits müssen insbesondere für die Kapitalberechnung verwendete Daten vor Manipulationen geschützt werden.

Ferner muss das Zustandekommen von steuerungsrelevanten sowie aufsichtsrechtlich vorgeschriebenen Ergebnissen jederzeit nachvollziehbar sein. Hieraus resultiert die Notwendigkeit eines differenzierten Benutzerrechtkonzepts, gegebenenfalls angelehnt an eine interne Mandantenfähigkeit (pro Bereich/Abteilung)

Beispielsweise können lokale Lese- und Schreibrechte an dezentrale Manager für Operationelle Risiken zum Anlegen und Freigeben von Datensätzen, lokale Leserechte an dezentrale Linienverantwortliche zum ad hoc-Reporting sowie globale Lese- und Schreibrechte an das Controlling Operationelle Risiken zur Anpassung von Daten sowie zum globalen Reporting vergeben werden. Globale Leserechte können der internen Revision zu Auswertungszwecken und Administratorrechte dem Controlling Operationelle Risiken zum Anlegen und Ändern von Benutzern, Strukturen und ähnlichem zugeteilt werden.

Die Nachvollziehbarkeit aller Daten muss durch ein entsprechendes Datenbankkonzept sowie audit trails (Festhalten sämtlicher Aktionen im System) gewährleistet werden. Backup-Konzepte müssen dem Datenverlust durch technisches Versagen entgegenwirken.

Das IT-System sollte den jeweiligen Workflow des Prozesses zum Management Operationeller Risiken unterstützen (zum Beispiel Erfassung, Änderung, Freigabe, Deaktivierung und so weiter) und somit sicherstellen, dass alle notwendigen Prozessschritte abgearbeitet werden und folglich keine unbestätigten Daten zu Auswertungszwecken herangezogen werden. Ein praxisgerechter Workflow in Verbindung mit Ergonomiekriterien ist ferner eine wirksame Maßnahme zur Sicherstellung einer möglichst vollständigen und genauen Datenerhebung, da mögliche Hemmschwellen zur effektiven Benutzung des Systems gering sind. In diesem Zusammenhang ist auch die Benutzerfreundlichkeit des Systems zu sehen, welche die Hürden zur Anwendung der Software so gering wie möglich halten soll.

5.8.2 Umsetzung der Methoden zum Management Operationeller Risiken

Die IT-Unterstützung der obenstehend beschriebenen Methoden zum Management Operationeller Risiken unterliegt jeweils spezifische Anforderungen. Das Subsystem zur Verlustdatenerfassung besteht idealerweise aus einem webbasierten dezentralen Erfassungstool, einem automatisierten Autorisierungsverfahren in Abhängigkeit von der Verlusthöhe, Kontrollmechanismen zur Vermeidung von Doppelerfassungen sowie zentralen Auswertungs- und Aggregationsmöglichkeiten durch Risikocontrolling und gegebenenfalls interne Revision. Ein Procedere zur Anpassung historischer Verluste an Veränderungen in der Bankstruktur beispielsweise bei organisatorischen Veränderungen ist ebenfalls in hohem Maße sinnvoll. Da bei der Verlustdatenerfassung üblicherweise eine Vielzahl an Personen mit unterschiedlichem Erfahrungshorizont insbesondere bei der Kategorisierung und der genauen Ermittlung der Verlusthöhen beteiligt sind, ist hier eine ausführliche (Online-)Hilfsfunktion wesentlich.

Sofern externe Verlustdaten zugekauft werden, ist eine Schnittstelle zum Datenformat des Zulieferers, zumindest die Möglichkeit des Ladens großer Datenmengen erforderlich. Da sich das Datenformat im Zeitablauf ändern kann, ist ein hohes Maß an Flexibilität in dieser Hinsicht geboten. Ein Kontrollmechanismus zur Vermeidung von Doppelerfassungen bei den in regelmäßigen Abständen stattfindenden Aktualisierungen ist ebenfalls nützlich. Die Umsetzung von Zuordnungsregeln beispielsweise interner Kategorien zu Basel-Kategorien in Form von Mappingtabellen ermöglichen die Anpassung der internen Bankstruktur an externe Anforderungen.

Zur Teilnahme an Data sharing-Initiativen muss zusätzlich zum Importmechanismus analog zu externen Verlustdaten auch ein Exportmechanismus für interne Verlustdaten mit entsprechenden Mappingregeln der internen Struktur auf die gemeinsame Struktur geschaffen werden. Idealerweise wird auch die Standardisierung bzw. Anonymisierung der Daten unterstützt.

Als weitere Funktionalität im Bereich Verlustdaten ist das zentrale oder dezentrale Anlegen und Ändern von Szenarien im Sinne von fiktiven Verlustdatenpunkten zu nennen.

Bei der IT-Unterstützung für Risk Assessment liegt der Schwerpunkt auf der dezentralen Bearbeitung zentral gepflegter Fragebögen, Checklisten oder Risikomatrizen und gegebenenfalls der Unterstützung von zur Ergebnisermittlung durchzuführender Workshops. Ein Workflow sollte die Beachtung des Vier-Augen-Prinzips sicherstellen. Um die intensive Nutzung des Systems insbesondere auch für das dezentrale Risikomanagement zu vereinfachen, sollte neben zentralen Auswertungsmöglichkeiten ein hohes Maß dezentraler Funktionen bestehen. Andererseits wird die für die Anwendung notwendige Akzeptanz in den Bereichen der Bank erschwert. Vergleiche über mehrere Perioden sowie über verschiedene Einheiten der Bank sind eine weitere unverzichtbare Komponente.

Softwarefunktionen zur Verwaltung von Risikoindikatoren erlauben die zentrale oder dezentrale Definition von Risikoindikatoren sowie die dezentrale regelmäßige Eingabe der jeweiligen Risikoindikator-Werte, in Einzelfällen durch direkte Anbindung an ein entsprechendes Zuliefersystem. Eine Plausibilitätskontrolle der Eingabe ist sinnvoll, der Umgang mit fehlenden Daten muss spezifiziert werden. Je nach Konzept mehrstufige Schwellwerte müssen zentral oder dezentral definierbar sein, eine mehrstufige Aggregationslogik mit Sonderregeln zur Vermeidung von unerwünschten Nivellierungseffekten ist erforderlich. Da auf Risikoindikatoren basierende Frühwarnsysteme in einigen Banken zentrale Instrumente zum Management Operationeller Risiken sind, ist es hier besonders wichtig, die Funktionalität an die Anforderungen des Tagesgeschäfts anzupassen. Die Aufnahme eines Maßnahmen-Trackings kann eine sinnvolle Ergänzung zu einem Risikoindikator-System darstellen

Eine Berechnungsengine für regulatorisches und ökonomisches Kapital führt abhängig vom Konzept alle Daten der vorgenannten Komponenten zusammen. Von Bedeutung ist hier die revisionstechnische Nachvollziehbarkeit der ermittelten Ergebnisse, da sie unmittelbar für externes (aufsichtsrechtliches) Reporting sowie zur Banksteuerung Verwendung finden. Die einzelnen Datenquellen müssen technisch frei wählbar sein (durch entsprechende Filter und ähnliche Schnittstellen). Verteilungsannahmen je Risikokategorie und Geschäftsfeld einschließlich Abhängigkeitsstrukturen sowie Einstellungen für die Berechnung (gewünschtes Quantil, Anzahl der Iterationen) müssen vom Anwender definierbar sein können.

Ein Management-Informations-System führt alle vorhandenen Informationen adressatengerecht zusammen. Dies ermöglicht die Ableitung von Maßnahmen durch den Vergleich von Ergebnissen aus unterschiedlichen Instrumenten (zum Beispiel Verlustdatensammlung und Risikoindikatoren), über mehrere Intervalle (zum Beispiel Quartalsvergleiche) sowie über alle Bereiche der Bank. Das Management-Informations-System sollte sowohl die Erstellung regelmäßiger Berichte in standardisiertem Format als auch die flexible ad hoc-Auswertung am Bildschirm unterstützen. Ob dies traditionell papiergebunden oder elektronisch erfolgt, liegt im Ermessen des Anwenders, Druckfunktionen sollten aber zumindest vorhanden sein.

6. Umsetzung der Frameworkkomponenten und des Managementprozesses

Die Implementierung eines vollständigen Frameworks für das Management Operationeller Risiken ist von vielen, zumeist institutsspezifischen Aspekten abhängig. Wesentlich sind dabei sind:

- Ausgangsvoraussetzungen:
  - Organisationsstruktur und Komplexität des Finanzinstitutes,
  - bereits vorhandene Elemente des Risikomanagementprozesses und Risikokultur,
  - vorhandene IT-Umgebung.
- Zielsetzung:
  - Gewählte Ansätze zur Umsetzung (Basel-Ansätze bzw. angestrebte Good- oder Best Practice Standards),
  - angestrebter Implementierungszeitraum, eventuell Phasenplan.
- Ressourcen:
  - Personelle Ressourcen,
  - finanzieller Mitteleinsatz,
  - Verfügbarkeit externer Ressourcen.

Externe Aspekte wie das Verhalten von Wettbewerbern, spezifische Industriestandards oder die Erwartungshaltung der nationalen Bankenaufsicht und der anderer Länder im Falle internationaler Aktivitäten spielen eine Rolle. Sie bedürfen ebenfalls eines sorgfältigen Managements, für die konkrete Umsetzung sind sie aber von nachgelagerter Bedeutung.

6.1 Vorgehensweise

Bei allen potenziellen Unterschieden in Voraussetzungen, Zielen und geplantem Ressourceneinsatz in verschiedenen Banken existiert grundsätzlich eine weitgehend allgemeingültige Vorgehensweise. Da Operationelle Risiken nicht auf wenige Bereiche einer Bank beschränkt werden können, und damit konsequenterweise das Managementframework spätestens im Endausbau alle Bereiche umfassen muss, entspricht die Vorgehensweise in hohem Maße der bei einer grundlegenden Prozessumgestaltung. Hierbei bietet sich unabhängig von Größe und Komplexität des Institutes ein Vorgehen in vier Phasen an:

- Phase 1: Istanalyse und Planung des Sollzustandes.
- Phase 2: Entwurf und Implementierung des Frameworks.
- Phase 3: Erprobungsphase (Use Test) und Anpassung.
- Phase 4: Laufender Betrieb und fortlaufende Weiterentwicklung.

6.1.1 Phase 1: Istanalyse und Planung des Sollzustands

In Phase 1 findet eine grundlegende Standortbestimmung statt. Zuerst werden alle relevanten Anforderungen an ein Managementframework und die dafür notwendigen Komponenten festgelegt. Dies sollte idealerweise in Form eines dokumentierten Anforderungskatalogs erfolgen. Die Anforderungen können dabei in interne und externe getrennt werden.

Interne Anforderungen
Die Erfüllung interner Anforderungen an das gesamte Framework für Management und Controlling Operationeller Risiken ist zumeist von mehreren Aspekten geprägt:

- aus einer bestehenden oder angestrebten Marktstellung. Wer Marktführer ist, wird grundsätzlich eher geneigt sein, jeweils Best Practice-Methoden und Verfahren zu implementieren, insbesondere abhängig von
  - der Qualität des Risikomanagements insgesamt,
  - dem Risikogehalt der wesentlichen Aktivitäten, Märkte und Produkte und
  - der Entscheidung für oder gegen eine Risikokapitalsteuerung;
- der Erwartung, durch konsistente Managementstrukturen und -prozesse für eine Risikoart, die nach Kreditrisiko als die größte für eine Bank angesehen wird, Risiken und damit Kosten zu reduzieren als auch einen Wettbewerbsvorteil zu erlangen,
  - Optimierung des Versicherungsprogramms,
  - verbessertes Outsourcing-Controlling und
  - Reduktion von Risiken und Verlusten in der Wertschöpfungskette;

- oder leicht paradox anmutend, eine von außen geprägte Erwartungshaltung, gebildet durch Ratingagenturen und Kontrahenten, die zwar grundsätzlich keine internen Anforderungen definieren, aber erkennen lassen, dass bestimmte Standards erwartet werden oder bei Nicht-Erreichen Sanktionen erfolgen. Also:
  - Ratingagenturen,
  - Kontrahenten und
  - Kunden.

Dabei sind diese drei Treiber nicht unabhängig. Ein Marktführer wird grundsätzlich bereit sein, in die fortschrittlichsten Methoden zu investieren, was immer kostenträchtiger ist als für die Nachahmer. Bei erfolgreicher Umsetzung resultieren daraus aber entsprechende Vorteile beispielsweise durch die Optimierung des Versicherungsprogramms, ein verbessertes Outsourcing-Controlling oder schlicht in einer Qualitätsverbesserung von Kernprozessen. Entsprechend ist die Erwartung Dritter nicht unabhängig vom Selbstverständnis und der postulierten Zielsetzung. Nicht zu vernachlässigen ist der Aspekt der Standardsetzung. Aufgrund der weiterhin umfangreichen Diskussion über alle Aspekte der Organisationsstruktur und Prozessgestaltung kann so aktiv Einfluss auf die Diskussion ausgeübt werden.

Abhängig von der verfolgten Zielsetzung sind die internen Anforderungen, gegebenenfalls differenziert nach Geschäftsbereichen oder Konzerngesellschaften entsprechend zu definieren.

Externe Anforderungen
Aufgrund der aktuellen regulatorischen Diskussion ist es zweckmäßig, zumindest die regulatorischen Anforderungen in Abhängigkeit aller drei möglichen Ansätze (Basisindikatoransatz, Standardansatz und Ambitionierte Messansätze) zu definieren. Aufgrund der Größe und Komplexität der Bank sowie ihrer Marktstellung können bereits Vorstellungen auf Seiten der Bankenaufsicht bestehen, welcher Ansatz mindestens zu erfüllen sein wird. Unabhängig davon sollten die Anforderungen aller drei Ansätze zur Evaluierung herangezogen werden, da grundsätzlich die Option bestehen kann, in verschiedenen Organisationseinheiten zumindest über einen begrenzten Zeitraum unterschiedliche Ansätze zu verfolgen (Partial Use).

Die tatsächliche oder angestrebte Marktstellung oder -wahrnehmung wird einen ebenso hohen Einfluss auf Umfang und Qualität haben wie regulatorische Zwänge. Ein Marktführer wird tendenziell bemüht sein, Best Practice, wie unbestimmt der Begriff auch sein mag, umzusetzen oder gar zu definieren und fortlaufend weiterzuentwickeln. Banken im Mittelfeld ihres Marktes werden eher geringere interne Anforderungen definieren, während Kleinbanken traditionell zuerst Mindestanforderungen umsetzen, bevor weiterführende Elemente evaluiert werden.

Anforderungskatalog
Sowohl bei der nun vorliegenden Fassung der Baseler Anforderungen als auch den intern zu formulierenden, kann erheblicher Spielraum in der Auslegung bestehen. Dieser kann positiv genutzt werden, birgt aber auch das Risiko des Nichtfunktionierens oder einer Nicht- oder Untererfüllung bei späterer externer Überprüfung. Gegenüber externen Begutachtern, Bankenaufsicht, Wirtschaftsprüfern, Ratingagenturen und Geschäftspartnern hilft nur die ständige zielgerichtete Kommunikation. Zum heutigen Zeitpunkt besteht für alle Beteiligten die gleiche Unsicherheit aber nicht das gleiche Risiko bei Fehlauslegung. Daher ist es essenziell, die eigenen Vorstellungen regelmäßig mit dem entsprechenden Gegenüber zu diskutieren und zu überprüfen. Jeder konstatiert zum jetzigen Zeitpunkt, dass weder der Entwicklungs- noch der Lernprozess abgeschlossen ist und bezieht sich explizit ein. Hier bestehen auch zwischen den Bankenaufsichtsstellen einzelner Länder unterschiedliche Auffassungen, was sich in der Verlängerung der Parallel Run Phase für die Ambitionierten Messansätze für Operationelle Risiken und für den fortgeschrittensten Kreditrisikoansatz niederschlägt. Ein entsprechendes Management der Erwartungshaltung beteiligter Dritter ist daher ein zwingendes Element der Umsetzung eines Frameworks für Operationelle Risiken (siehe Abschnitt 2.2.4).

Istanalyse
Nach der Definition der entsprechenden Anforderungen erfolgt die Analyse des Istzustandes. Dabei sollten in jedem Fall alle Bereiche miteinbezogen werden, die historisch mit Aspekten des Managements Operationeller Risken betraut waren. Eine Begrenzung auf diejenigen, denen eine Rolle im zukünftigen Framework zugedacht wird, greift zu kurz. Dies schließt neben den vorhandenen Risikomanagement- und Risikocontrollingeinheiten in allen Bereichen der Bank bzw. des Konzerns solche Bereiche wie IT (insbesondere IT-Sicherheit, Notfallplanung) den Versicherungsbereich, die Personal- und die Rechtsabteilung, Geldwäsche und Compliance mit ein. In vielen Fällen hat die interne Revision in der Vergangenheit Aufgaben des Risikomanagements und -controllings übernommen. Sie ist ebenso zu berücksichtigen. Häufig finden sich bereits in einzelnen Bereichen Methoden oder Prozesse, die als weitere Komponenten des zukünftigen Frameworks genutzt werden können. So ist die Verwendung von Indikatoren in Abwicklungsbereichen häufig bestehende Praxis, Verlustdaten werden im Zusammenhang mit Qualitätsmanagementinitiativen oder von der internen Revision gesammelt. In vielen Fällen existieren auch bereits Risk Assessments in unterschiedlichen Ausprägungen. Häufig haben auch Tochtergesellschaften unabhängig von der Konzernmutter signifikante Anstrengungen unternommen, die für den gesamten Konzern genutzt werden können.

Im besten Fall können bestehende Komponenten beibehalten und mit geringen Anpassungen auf die Gesamtbank übertragen werden. Dies ist aber erfahrungsgemäß selten der Fall, da sie oft nur für einen begrenzten, spezifischen Bereich konzipiert wurden. Häufiger finden sich Komponenten, die als Vorbilder für die Funktionstüchtigkeit herangezogen werden können und eine Basis für Weiterentwicklungen bieten. Der Vorteil ihrer Verwendung gegenüber einer Neuentwicklung besteht darin, dass sie bereits eingeführt sind und dementsprechend geringere Widerstände bei der Weiterentwicklung bestehen als bei einer völligen Neueinführung. Als Beispiel ist hier in vielen Fällen ein Verlustdatensammlungsprozess zu finden. Auch wenn er im Einzelfall weder im Umfang noch in der organisatorischen Abdeckung den formulierten Anforderungen entspricht, kann er als Beleg dienen, dass der angestrebte Zustand weit weniger neu und revolutionär ist, als von Skeptikern behauptet.

Ableitung der Gaps
Nach der Istanalyse erfolgt die Bestimmung der Gaps. Je systematischer die Anforderungen definiert worden sind, desto einfacher ist dieser Schritt. Dabei ist es offensichtlich, dass Gaps je nach gewähltem Ansatz oder Best Practice-Verständnis variieren. Es ist grundsätzlich sinnvoll, die Analyse der Gaps und ihre Bewertung gegenüber allen Alternativen durchzuführen, auch wenn diese intuitiv als nicht relevant betrachtet werden. Nur so können in der folgenden Auswirkungsanalyse wirklich Handlungsalternativen bestimmt werden. Eine Vorfestlegung ist aufgrund des relativ geringen Aufwands für die Analyse nicht sinnvoll, und je nach Ergebnis können ursprünglich nicht geplante Alternativen als Handlungsalternativen in Betracht kommen.

Auswirkungs- und Kosten-Nutzen-Analyse
Die Auswirkungsanalyse nimmt eine Kosten-Nutzen-Abwägung von Handlungsalternativen und assoziierten Kosten für die Konzeption und Implementierung vor. Dabei muss insbesondere bei der Nutzenabwägung mit erheblichen Annahmen unter Unsicherheit operiert werden. Während sich die Auswirkungen auf das regulatorische Kapital unter Säule 1 für Basisindikator- und Standardansatz einfach ermitteln lassen, ist dies für einen Ambitionierten Messansatz kaum möglich, da er in den wenigsten Fällen bereits stabil implementiert sein wird. Zudem besteht für alle Ansätze Unsicherheit, wie nationale Aufsichtsstellen ihre Freiheitsgrade unter der zweiten Säule nutzen werden. Während in angelsächsischen Ländern damit bereits Erfahrungen gemacht wurden, ist das Konzept der qualitativen Aufsicht in Deutschland eher neu. Um dennoch eine entsprechende Analyse vornehmen zu können, sollte für den potenziellen Nutzen eines fortgeschrittenen Ansatzes als

„Best Case“ unterstellt werden, dass eine Reduktion des regulatorischen Kapitals bis auf den erlaubten Floor (unter Einbeziehung des Kreditrisikos) erfolgen kann. Für eine Bank erscheint es wenig wahrscheinlich, dass sonst die Verwendung eines solchen Quantifizierungsverfahrens angestrebt wird. Sollte als Ergebnis ein höherer Wert als im Standardansatz ermittelt werden, wäre es irrational, nicht den günstigeren Ansatz zu verwenden.

Mit der offiziellen Kommunikation der Entwicklung Ambitionierter Messansätze würde wenn möglich gewartet, bis die Modelle stabiler sind, beziehungsweise die sie beeinflussenden Risikofaktoren besser gesteuert werden können. Kosten-Nutzen-Erwägungen gegenüber einer „Best Practice“ sind noch erheblich unsicherer, da bis heute aufgrund der Quantifizierungsprobleme keine fundierten Aussagen über den monetären Nutzen eines guten oder besseren Managements für Operationelle Risiken gemacht werden können. Zwar besteht Einigkeit, dass ein Zusammenhang zwischen klarer Aufgaben- und Verantwortungszuordnung, umfassender Verlustdatensammlung, einem umfassenden Risk Assessment-Programm und einem insgesamt niedrigeren operationellen Risiko besteht, die Höhe ist aber nicht bezifferbar. Vergessen wird in diesem Zusammenhang oft, dass auch Investitionen in Marktrisiko- und Kreditrisikomanagement zuerst nicht zu einer Reduzierung des Risikos führen, sondern zu einer besseren Messung desselben sowie zu verbesserten Instrumenten des Managements. Die Entscheidung über eine Reduktion dieser Risiken ist ein nachgelagerter Schritt auf erweiterter Informationsbasis und mit verbessertem Instrumentarium.

Die Kostenseite kann heute aufgrund verfügbarer Erfahrung vergleichsweise einfach abgeschätzt werden. Wenn aufgrund fehlender Vorprojekte im Haus oder Konzern nur wenig Wissen über den notwendigen Aufwand vorhanden ist, können die Aufwendungen auch mit Hilfe externer Unterstützung ermittelt werden.

Umsetzungsplanung

Auf Basis dieser Kosten-Nutzen-Analyse kann das Management der Bank eine Entscheidung für die umzusetzenden Komponenten, ihren Umfang und die zeitliche Verteilung treffen. Diese Analyse wird erfahrungsgemäß in mehreren iterativen Schritten durchgeführt, um sich dem angestrebten Zustand an den verfügbaren Mitteleinsatz zu nähern. Auch unter Berücksichtigung der zwingenden regulatorischen Anforderungen kann beispielsweise über einen Partial Use zuerst ein Ambitionierte Messansatz nur in ausgewählten Pilotbereichen umgesetzt werden, bevor dieser dann aus Kosten- oder Kapazitätsgründen auf die gesamte Bank oder Bankengruppe ausgerollt wird. In diesem Rahmen erfolgt als letzter Schritt eine entsprechende Detailplanung aller notwendigen Komponenten, Aufgaben, Ressourcen und der zeitlichen Abfolge.

6.1.2 Phase 2: Entwurf und Implementierung des Frameworks

Abhängig von den in Phase 1 geplanten Elementen erfolgt in Phase 2 der Entwurf und die (Pilot-)Implementierung aller Komponenten. Auch wenn theoretisch wie praktisch viele Komponenten in engem Zusammenhang stehen bzw. direkt auf einander aufbauen, wird nur in den wenigsten Fällen eine parallele Entwicklung des vollständigen Frameworks vorgenommen werden. Hiergegen sprechen zum einen kapazitive Gründe, zum anderen erfordern einige Komponenten sowohl in der Entwicklung als auch in der Umsetzung erhebliche Zeit. In der Entwurfsphase erfolgt dabei die Konzeption der jeweiligen Methoden. Des Weiteren kann als Alternative für einige der Komponenten zuerst nur eine Pilotimplementierung oder eine einfache Umsetzung erfolgen, die gegebenenfalls im Laufe des Projektes verbessert wird. Allerdings bieten sich nicht alle Elemente in gleichem Maße für beide oder einen dieser Schritte an.

Da die einzelnen Komponenten des Frameworks für das Management Operationeller Risiken unterschiedliche Prämissen haben, können sie teilweise nur sequenziell konzipiert und implementiert werden. Inwieweit eine mögliche Parallelentwicklung und Implementierung durchgeführt werden soll, hängt – außer von den oben dargestellten Abhängigkeiten – wesentlich von den verfügbaren Kapazitäten ab.

Tabelle 11: Implementierungsvoraussetzungen für die Frameworkkomponenten

Framework-komponente	abhängig von	Elemente	Bedingung für	zeitliche Umsetzung
Risikostrategie	allgemeiner Risikostrategie der Bank, insbesondere Art und Umfang der Ausführungen für Markt-, Kredit- sowie weitere Risiken	bewusst herbeigeführte Nivellierung bzw. Vereinheitlichung der Ergebnisse durch diskussionshafte Bewertungsfindung	alle folgenden Frameworkkomponenten	in ihrer grundlegenden Ausprägung Vorbedingung für alle anderen Komponenten, kann aber abhängig vom Implementierungsplan über die Zeit weiter entwickelt oder angepasst werden
Framework	allgemeiner Risikomanagementstruktur der Bank sowie der generellen Organisationsform	Aufgaben und Verantwortlichkeiten aller Beteiligten von Vorstand, Bereichsleitung und Abteilungsleitung über Risikocontrolling bis zur Internen Revision	alle folgenden Frameworkkomponenten	in ihrer grundlegenden Ausprägung Vorbedingung für alle anderen Komponenten, kann aber abhängig vom Implementierungsplan über die Zeit weiter entwickelt oder angepasst werden

Tabelle 11: (Fortsetzung)

Framework-komponente	abhängig von	Elemente	Bedingung für	zeitliche Umsetzung
Definitions & Structures	Risikostrategie und Framework	Definition von Operationellen Risiken, Risikokategorisierung auf diversen Unterebenen und ihre Grundlagen, Definition der Business Lines, Mapping zu Baseldefinition, Kategorisierung und Organisationsstruktur	alle folgenden Frameworkkomponenten	erste umzusetzende Komponente, evtl. parallel zu ersten Strategie- und Frameworkstufen
Loss Data	Definitions & Structures und vorgelagerten Elementen	Definition und Komponenten interner (direkte und indirekte Verlustkomponenten), Definition und Komponenten externer Verlustdaten und Skalierungsregeln, Erfassungsprozess, Aufgaben und Verantwortlichkeiten	Quantifizierung und Reporting	direkte vollständige Umsetzung sinnvoll, evtl. Test in (ausreichend großem) Pilotbereich
Risk Assessment	Definitions & Structures und vorgelagerten Elementen	Bewertungs- und Betrachtungsobjekte, Bewertungsmaßstäbe und Vorgehensweise	Reporting	direkte vollständige Umsetzung sinnvoll, evtl. Test in (ausreichend großem) Pilotbereich
Key Risk Indicators	Definitions & Structures und vorgelagerten Elementen	Definition, Erhebungsprozess, Warnschwellen, Aggregationsverfahren	Reporting	direkte vollständige Umsetzung sinnvoll, evtl. Test in (ausreichend großem) Pilotbereich
Management Informationssystem	alle vorgelagerten Elemente	Aufgaben und Verantwortlichkeiten, Zielsetzung, Reportingprozess, technische Umsetzung	regelmäßiges Management der Operationellen Risiken	schrittweise mit der Umsetzung der einzelnen Elemente
Economic and regulatory Capital	abhängig vom Modell ggf. alle vorgelagerten Elemente	angewandtes Modell/Ansatz, Parameter, Prozess, Validierung, Verwendung in der Banksteuerung	regulatorisches Reporting und Steuerung der Bank mit ökonomischem Kapital	sukzessive Modellentwicklung abhängig von der Verfügbarkeit der Eingangsparameter

Tabelle 11: (Fortsetzung)

Framework-komponente	abhängig von	Elemente	Bedingung für	zeitliche Umsetzung
Risk IT	Anforderungs-definition der ab-zudeckenden Elemente	Anforderungen an Hard- und Soft-ware, Form der Unterstützung der anderen Kompo-nenten, IT-Gover-nance und Wartung	Management und Reporting	sukzessive Umset-zung abhängig von den fachlichen An-forderungen der anderen Elemente

6.1.3 Phase 3: Erprobungsphase (Use Test) und Anpassung

In der Erprobungs- und Anpassungsphase werden die bisher implementierten Komponenten einem finalen Test unterzogen. Diese Phase sollte als solche allen Beteiligten gegenüber kommuniziert werden. Auch mit vorhandener Erfahrung kann nicht ausgeschlossen werden, dass in den Vorphasen Fehler gemacht werden, die erst in der Erprobung zu Tage treten. Nicht selten funktionieren als erprobt geltende Vorgehensweisen aufgrund bestimmter organisatorischer Eigenheiten des betreffenden Instituts nicht in der konzipierten Form. Diese Möglichkeit sollte allen Beteiligten bewusst sein, damit die notwendige Erprobungs- und gegebenenfalls Anpassungsphase nicht als ungeplante Fehlerkorrektur erscheint, sondern als erwarteter Schritt, der entsprechend geplant wurde. Ein Kaschieren von Fehlern, um einem möglichen negativen Eindruck entgegenzutreten, ist nachvollziehbar aber falsch. Sollte sich allerdings herausstellen, dass notwendige Änderungen über Anpassungen hinausgehen, kann für die jeweiligen Komponenten ein Zurückstufen in die Entwurfsphase sinnvoll sein. Möglicherweise ist unter falschen Voraussetzungen geplant oder es sind Fehler in der Umsetzung gemacht worden.

6.1.4 Phase 4: Laufender Betrieb und fortlaufende Weiterentwicklung

Nach erfolgreichem Use Test einzelner oder aller Komponenten tritt das Framework in die Phase des laufenden Betriebs ein. Für einzelne Komponenten kann dies ein Endausbaustand, für viele wird es eher eine Phase der bankweiten Nutzung mit steigender Intensität sein. Aufgrund von internen Anpassungsnotwendigkeiten und externer Weiterentwicklung werden über die Zeit vermutlich alle Komponenten des Frameworks regelmäßig kritisch hinterfragt und gegebenenfalls angepasst werden müssen.

6.2 Personeller und zeitlicher Aufwand

Der personelle und zeitliche Aufwand für die Umsetzung eines Frameworks für das Management Operationeller Risiken hängt erheblich von den notwendigen Aufgaben der einzelnen Phasen ab. Er verteilt sich dabei auf eine große Anzahl von Bereichen und gegebenenfalls externe Berater. Abhängig von der organisatorischen Ansiedlung des Projekts liegt der Schwerpunkt der Projektarbeit im Bereich Risikocontrolling, und – wenn vorhanden – im Bereich Controlling der Operationellen Risiken. Aufgrund der bankweiten Relevanz des Projekts werden im Laufe der Zeit annähernd alle Bereiche zumindest kurzfristig involviert werden. Sollte die Bank sich für eine Vorgehensweise bei der Implementierung mit einem oder mehreren Pilotbereichen entscheiden, so werden diese entsprechend stärker belastet. Grundsätzlich kann die personelle und zeitliche Belastung durch den Einsatz von mehr oder weniger externen Ressourcen gesteuert werden, wobei letztendlich die entsprechende Entlastung durch höhere finanzielle Aufwendungen ersetzt wird. Hier ist aber zu beachten, dass dies nur in begrenztem Maße sinnvoll ist. So kann zwar wesentliche konzeptionelle Arbeit und Erfahrung bei der Implementierung dieser Konzepte von Externen geleistet werden. Insbesondere in der Entwicklung von Komponenten wie Definitions and Structures, den Fragen und der Vorgehensweise für ein Risk Assessment oder der Festlegung von Risikoindikatoren ist aber die Mitwirkung von einer möglichst großen Anzahl interner Ressourcen sinnvoll. Die externe Sicht kann nie die notwendige spezifische Detailkenntnis aufweisen und die notwendige Akzeptanz der zu implementierenden Prozesse und Verfahren ist nur durch intensive Einbindung von bankeigenen Mitarbeitern zu gewährleisten.

Da es aufgrund spezifischer Erfordernisse und individueller Ausgangsvoraussetzungen schwierig ist, ein generisches und vollständiges Projekt der Umsetzung eines Frameworks für das Management und Controlling von operationellen Risiken darzustellen, finden sich im Folgenden zwei alternative Projektpläne, einer an Best-Practice orientiert und auf AMA-konforme Umsetzung fortgeschrittener Messansätze in einer Grossbank ausgerichteter und ein auf die Umsetzung von durchschnittlichen Marktstandards mit Standardansatz-Konformität ausgelegter. Offensichtlich ist, dass beide nur als ungefähre Orientierungshilfen zu verstehen sind. Zu unterschiedlich können in allen Fällen die individuellen Ausgangsvoraussetzungen sein. Besteht beispielsweise seit längerem ein umfänglicher Verlustda-

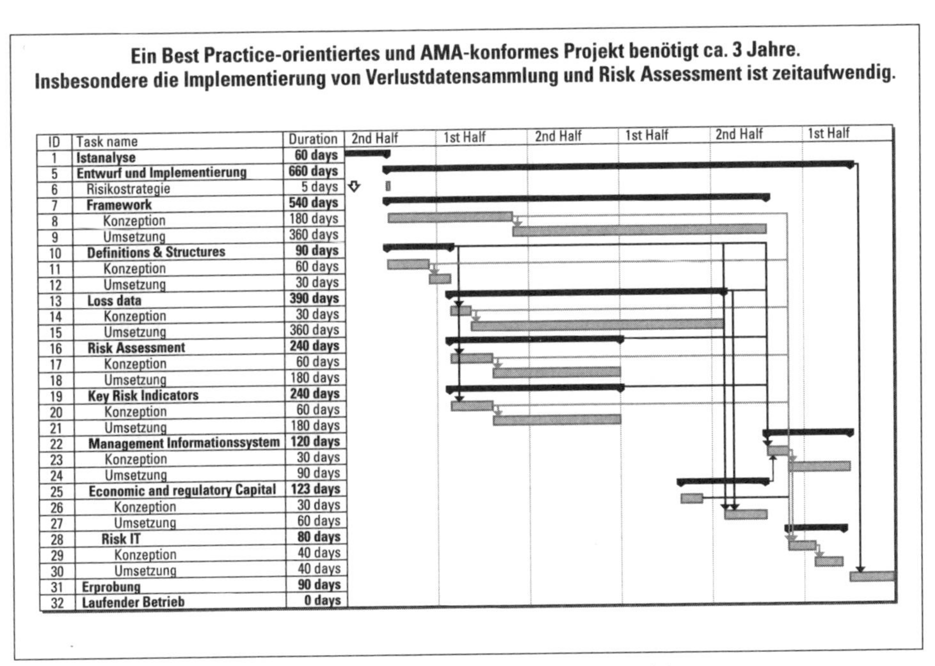

ID	Task name	Duration
1	**Istanalyse**	**60 days**
5	**Entwurf und Implementierung**	**660 days**
6	Risikostrategie	5 days
7	**Framework**	**540 days**
8	Konzeption	180 days
9	Umsetzung	360 days
10	**Definitions & Structures**	**90 days**
11	Konzeption	60 days
12	Umsetzung	30 days
13	**Loss data**	**390 days**
14	Konzeption	30 days
15	Umsetzung	360 days
16	**Risk Assessment**	**240 days**
17	Konzeption	60 days
18	Umsetzung	180 days
19	**Key Risk Indicators**	**240 days**
20	Konzeption	60 days
21	Umsetzung	180 days
22	**Management Informationssystem**	**120 days**
23	Konzeption	30 days
24	Umsetzung	90 days
25	**Economic and regulatory Capital**	**123 days**
26	Konzeption	30 days
27	Umsetzung	60 days
28	**Risk IT**	**80 days**
29	Konzeption	40 days
30	Umsetzung	40 days
31	**Erprobung**	**90 days**
32	**Laufender Betrieb**	**0 days**

Abbildung 43: Best Practice/AMA-orientiertes Umsetzungsprojekt

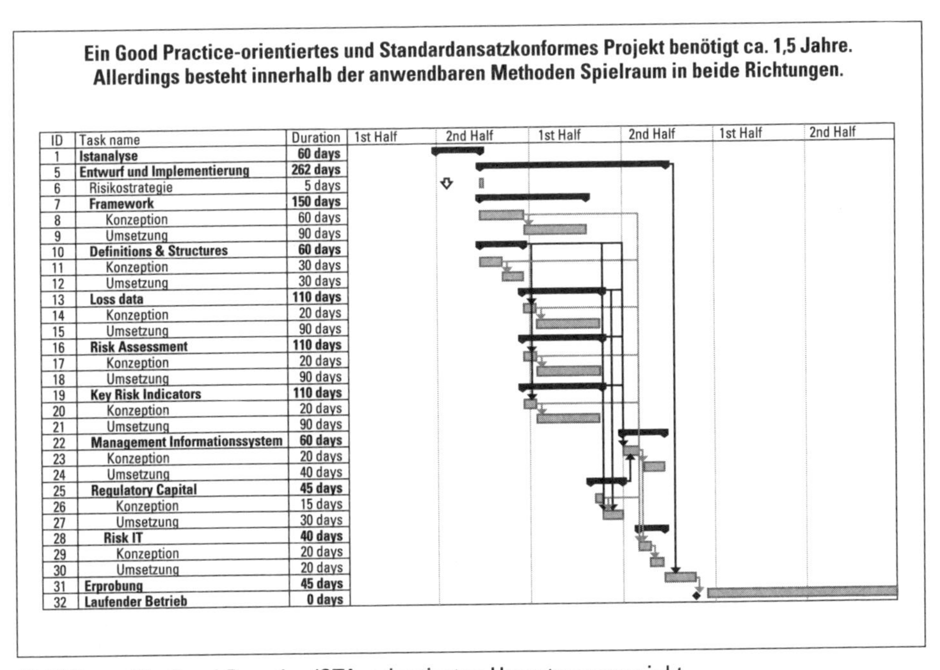

ID	Task name	Duration
1	**Istanalyse**	**60 days**
5	**Entwurf und Implementierung**	**262 days**
6	Risikostrategie	5 days
7	**Framework**	**150 days**
8	Konzeption	60 days
9	Umsetzung	90 days
10	**Definitions & Structures**	**60 days**
11	Konzeption	30 days
12	Umsetzung	30 days
13	**Loss data**	**110 days**
14	Konzeption	20 days
15	Umsetzung	90 days
16	**Risk Assessment**	**110 days**
17	Konzeption	20 days
18	Umsetzung	90 days
19	**Key Risk Indicators**	**110 days**
20	Konzeption	20 days
21	Umsetzung	90 days
22	**Management Informationssystem**	**60 days**
23	Konzeption	20 days
24	Umsetzung	40 days
25	**Regulatory Capital**	**45 days**
26	Konzeption	15 days
27	Umsetzung	30 days
28	**Risk IT**	**40 days**
29	Konzeption	20 days
30	Umsetzung	20 days
31	**Erprobung**	**45 days**
32	**Laufender Betrieb**	**0 days**

Abbildung 44: Good Practice/STA-orientiertes Umsetzungsprojekt

tensammlungsprozess oder ein Risk Assessmentprogramm, können erhebliche zeitliche Verkürzungen realisiert werden. Gerade diese beiden Bereiche erfordern aufgrund des umfangreichen Lern- und Trainingsprozesses erhebliche Zeit in der Umsetzung.

In bestimmtem Maße ist eine andere Verteilung des Aufwands möglich. Insbesondere die zeit- und ressourcenintensiven Komponenten Framework, Risk Assessment und Indikatoren können stärker gestreckt werden. Allerdings ist zu beachten, dass gewisse Abhängigkeiten bestehen. So ist es nicht notwendig, eine vollständige Managementstruktur bereits in der ersten Hälfte des Projekts zu implementieren. Aufgrund der fehlenden Instrumentarien und Managementinformationen wäre kein adäquates Funktionieren dieser Struktur möglich. Ein Minimum sollte hingegen bereits früh implementiert werden, um entsprechende Ansprechpartner mit klaren Verantwortlichkeiten beispielsweise für die Datensammlung zu haben. Der Aufwand für Risikoindikatoren und Risk Assessment ist besonders von starker Einbeziehung der Fachbereiche und zumeist den selben Personen geprägt. Kann dieses nicht sichergestellt werden, sollten die beiden Komponenten nicht parallel implementiert werden.

6.3 Probleme bei der Umsetzung

Projekte zur Implementierung eines Frameworks für das Management Operationeller Risiken können aufgrund der regulatorischen Anforderungen und der Vielzahl der zu implementierenden Komponenten nicht wirklich scheitern. Allerdings kann bei fehlerhafter Umsetzung erheblich weniger Nutzen aus den Komponenten gezogen werden oder die Umsetzung eines weniger fortgeschrittenen regulatorischen Ansatzes erfolgen als ursprünglich geplant. Ob dies dann Konsequenzen durch die Bankenaufsicht zur Folge hat, kann aufgrund der mangelnden Erfahrung mit der Umsetzung der zweiten Säule von Basel noch nicht beantwortet werden. Beide Fälle sind nicht erstrebenswert, stellen sie doch immer eine Fehlallokation von Ressourcen dar. Für die richtige Umsetzung existieren einige wesentliche Erfolgsfaktoren wie Unterstützung durch den Vorstand, entsprechende Firmenkultur, klar definierte Projektzielsetzung und adäquate Ressourcen personeller und finanzieller Art.

Aufgrund des weitreichenden Charakters eines Umsetzungsprojekts für das Management Operationeller Risiken sollten die genannten und, wenn relevant, weitere firmenspezifische Faktoren im Vorfeld analysiert werden. Zwar besteht für die Umsetzung der regulatorischen Anforderungen zeitlich wenig Spielraum, aber ins-

Tabelle 12: Erfolgsfaktoren eines Umsetzungsprojekts

Erfolgsfaktor	Risiko	Effekt	Maßnahmen
Vorstandsunterstützung	fehlende Unterstützung des Gesamtvorstands, ein Projekt wird nur als Aufgabe zur Erfüllung regulatorischer Anforderungen gesehen, nicht als Verbesserung des Risikomanagements	mangelnde Durchsetzungsfähigkeit der Projektverantwortlichen, schwaches Management für Operationelle Risiken	permanente Kommunikation, Identifikation eines Sponsors im Vorstand, schnelles Aufzeigen von Resultaten
Firmenkultur	gering ausgeprägte Firmenkultur oder starke Kontrollkultur, die nicht den Geschäftszielen dient	Risikomanagement wird als Pflichtübung verstanden, Kontrollen als Selbstzweck, nicht zur Geschäftsunterstützung implementiert	permanente Kommunikation, Vorstandsunterstützung, schnelles Aufzeigen von Resultaten für alle Beteiligten
Verantwortlichkeiten	unklare Verantwortlichkeiten sowohl im Projekt als auch in der zu schaffenden Risikomanagementorganisation	schlechtes Management aufgrund fehlender Verantwortlichkeiten, verspätete Entscheidungen, unklare Eskalationskanäle	Bestimmung einer klaren Projektstruktur, Bereitschaft auf Vorstandsebene zur Schaffung einer starken, in der Organisation verankerten Managementstruktur
Risikodefinitionen	unklare Abgrenzung zwischen allen Risikoarten	Managementverantwortung in Überlappungsbereichen unklar, Datenqualität fehlerhaft, Bereitstellung falscher Entscheidungsinformationen	Schaffung klarer Risikodefinitionen für alle Risikoarten als Voraussetzung für ein Projekt Operationelle Risiken
Moderater Quantifizierungsfokus	zu starker Fokus auf Quantifizierung	Überbetonung der bisher instabilen Quantifizierungsverfahren, zu geringe Betonung der notwendigen Prozessänderungen, Glaubwürdigkeitsproblem bei anhaltenden Modellunsicherheiten	permanente Kommunikation des sehr frühen Stadiums der Quantifizierung, Wechsel des Fokus auf Organisations- und Prozessveränderungen
Integriertes Risikoreporting	Aufbau eines parallelen, über die Risikoarten nicht einheitlichen Risikoreportings losgelöst vom bestehenden MIS	unklarer Informationsfluss, schlechte Basis für Managemententscheidungen, Doppelarbeiten auf Sender- wie Empfängerseite	frühzeitige Integration des Risikoreportings in das bestehende Managementreporting
Qualifizierte Ressourcen	nicht ausreichende Verfügbarkeit von internen Ressourcen	nicht zeitgerechte oder qualitativ nicht ausreichende Umsetzung	entspechende Planung, Sicherstellung von Buy-In der Verantwortlichen

Tabelle 12: (Fortsetzung)

Erfolgsfaktor	Risiko	Effekt	Maßnahmen
Projektmanagement	mangelhaftes Projektmanagement	mangelhafte oder verzögerte Projektdurchführung, Budget- und Zeitüberschreitung, mangelnde Akzeptanz des Managementframeworks	erfahrenes Projektmanagement, klare Zielsetzung, Eskalationskanäle, adäquate Kapazitätsausstattung, realistische Ziele
Training	fehlendes oder nicht ausreichendes Training	suboptimale Umsetzung der Managementkomponenten, nicht ausreichende Nutzung, mangelnde Datenqualität	Konzeption und Durchführung von Training als integralem Bestandteil des Umsetzungsprojekts

gesamt sollte kritisch überprüft werden, ob der angestrebte Implementierungszeitraum erfolgversprechend ist. Führt die Bank gerade andere Projekte mit hoher Priorität durch, etwa die Umstellung auf IFRS oder die Implementierung grundlegend neuer IT-Systeme, kann die zeitliche Belastung insbesondere in den Geschäftsbereichen der Bank zu hoch werden. In diesem Fall ist eine enge Abstimmung mit den vorhandenen Projekten zwingend. Gegebenenfalls können auch Synergien genutzt werden. Beispielsweise kann der Aufbau einer neuen Datenbank für das Kreditrisikomanagement und die Bilanzierung unter IFRS als Anlass genommen werden, relevante Fälle auf ihre jeweiligen Operationelle Risiken-Komponenten zu untersuchen.

Wenig vorteilhaft ist es, ein umfassendes Projekt mit ambitionierter Zielsetzung zu starten und dann nicht wie geplant durchzuführen. In der Regel sind Unternehmensbereiche nur wenige Male für umfassende Veränderungen zu mobilisieren. Ein wiederholter Anlauf z. B. zur Schaffung eines Verlustdatensammlungsprozesses wird gern als grundlegender Mangel in der Vorgehensweise interpretiert. Die notwendige Unterstützung bei nochmaligen Versuchen fällt erfahrungsgemäß geringer aus.

Bestehen diese Risiken für ein geplanten Projekt, so kann bei fehlender Vorstandsunterstützung im ersten Schritt eine Fokussierung auf die regulatorischen (Mindest-)Anforderungen sinnvoll sein, oder die Konzentration auf wenige Pilotbereiche. Parallel sollte in permanenter Kommunikation der erwartete Nutzen für alle Entscheidungsträger dargestellt werden. Sind um Ressourcen konkurrierende Projekte vorhanden, kann eine enge Abstimmung mit den entsprechenden Projektverantwortlichen in vielen Fällen die Ressourcenfreiräume identifizieren, die für eine erfolgreiche Umsetzung notwendig sind.

Wesentliches Merkmal eines guten Projektmanagements bleibt das Management der Erwartung aller Beteiligten. In einem auf zwei bis drei Jahre angelegten Projekt in einem dynamischen Umfeld, in dem Weiterentwicklungen in den Methoden nicht nur zu erwarten, sondern von allen Beteiligten ausdrücklich gewünscht sind, sind Abweichungen vom ursprünglichen Projektplan wahrscheinlich. In diesen Fällen ist eine klare Kommunikation der Gründe und Konsequenzen essenziell, um über den gesamten Projektverlauf die notwendige Akzeptanz und Unterstützung aller zu erhalten.

7. Ausblick

Die konsequente Umsetzung eines umfassenden Instrumentariums zum Management und Controlling Operationeller Risiken führt zu bedeutenden Änderungen im operativen und – wenn nicht unmittelbar dann zumindest mittelfristig – auch im strategischen Bankgeschäft. Aktuelle Diskussionen zeigen, dass die inhaltliche, insbesondere die quantitative und IT-technische Dimension tendenziell überschätzt, die organisatorische und qualitative Dimension hingegen unterschätzt wird. Gerade letztere jedoch spielt angesichts der bankweiten Bedeutung eine herausragende Rolle.

Leitlinie bei der Entwicklung und Einführung eines Frameworks zum Management und Controlling Operationeller Risiken sollte der ökonomische Nutzen in Gestalt von Kosteneinsparungen durch Reduktion der Anzahl der Verluste, Optimierung der Maßnahmen zur Risikobewältigung (insbesondere des Versicherungsprogramms) durch bereichsübergreifende Kommunikation, Entscheidungshilfe im Gesamtbanksteuerungsumfeld sowie die Verbesserung des Schutzes vor sehr hohen, seltenen Verlusten sein. Regulatorische Anforderungen sollten dabei lediglich Rahmen- bzw. Nebenbedingungen darstellen.

Die Erfahrungen aus dem Markt- und Kreditrisikobereich zeigen, dass von den ersten Gehversuchen in einer neuen Disziplin bis zum Vorliegen ausgereifter, am Markt weitgehend akzeptierter Methoden mehrere Jahrzehnte vergehen können. Aus diesem Blickwinkel betrachtet, steht dem Thema Operationelle Risiken noch eine interessante Zukunft bevor. Durch die zunehmende Zahl von Finanzinstituten, die sich intensiv der Entwicklung solcher Verfahren widmen, sowie vereinzelten Aktivitäten im wissenschaftlichen Umfeld ist eine dynamische Entwicklung zu erwarten.

Des Weiteren erscheint es nicht unwahrscheinlich, dass mit der Erweiterung des Spektrums betrachteter Risiken die Definition und die Abgrenzung Operationeller Risiken geändert werden. Insbesondere Reputations- und Strategierisiken, aber auch Geschäftsrisiken werden einerseits zunehmend als relevant erkannt, haben andererseits aber potenziell eine große Überlappung zu Operationellen Risiken.

Somit könnte es zu einer Verschiebung von Bestandteilen zwischen den Risikoarten kommen. Wie die Schwierigkeiten bei der Identifizierung und Kategorisierung der Operationellen Risiken zeigen, sind einige Komponenten wenig intuitiv. So ist es nicht unplausibel, bestimmte Komponenten der externen Effekte ganz aus der Definition der Operationellen Risiken zu entfernen und dem Geschäftsrisiko zuzuordnen. Auch besteht bisher kein Konsens, ob Rechtsrisiken wirklich keine eigene Risikoart oder Kategorie sind, und stattdessen einfach in den Risiken aus Prozessen, Menschen, Systemen oder externen Effekten aufgehen.

Bei dem Instrumentarium des Risk Assessments besteht zum einen große Euphorie bei denen, die in der erstmaligen Einführung sind, zum anderen nicht unerhebliche Frustration bei denjenigen, die bei der wiederholten Durchführung keine Veränderungen, zumindest aber keine gestiegene Risikosensitivität erkennen. Risikoindikatoren sind häufig auf den ersten Blick bestechend relevant, auf den zweiten schwer zu ermitteln und manchmal ohne Aussage über die Entwicklung des realisierten wie zukünftigen Risikos. Für Indikatoren wie für Risk Assessments gilt, dass nur Erfahrung in der Anwendung zu einer Verbesserung der Ergebnisse und Methoden führen kann. Zeit als wesentlicher Faktor sowie Lerneffekte und Anpassungen an eine Firmenkultur sind unumgänglich.

Idealerweise lägen für alle Aspekte der Operationellen Risiken vollständige und fehlerfreie Verlustdaten vor. Dies würde, zumindest aus Sicht der Quantifizierer, die Modelle erheblich stabiler und damit die Risikokapitalermittlung ungleich präziser machen. Tatsächlich wird dieser Idealzustand nie erreicht werden, da die Definition zu weit ist, um eine vollständig objektive Identifikation und Bewertung zu ermöglichen. Das Ausmaß der Verzweiflung sollte aber in engen Grenzen bleiben, denn Modelle sind immer nur eine vereinfachte Abbildung der Realität, auch bei vollständigen Daten besitzt die Vergangenheit nur begrenzten Aussagewert für die Zukunft. Wie im Markt- und Kreditrisiko kann ein Quantifizierungsmodell für Operationelle Risiken lediglich Managemententscheidungen unterstützen, es macht sie nie obsolet. Die Schaffung einer entsprechenden Organisationsstruktur mit klarer Verteilung von Aufgaben und Verantwortlichkeiten hat daher immer Priorität vor allen Modellen.

Die bestehenden Prozesse und Methoden zum Management und Controlling Operationeller Risiken wurden innerhalb kurzer Zeit teilweise auf Basis von Kenntnissen aus benachbarten Disziplinen entwickelt. Dabei wurden angesichts der beschränkten Ressourcen pragmatische Lösungsansätze erarbeitet. Naturgemäß fehlt bislang einerseits eine langjährige Erfahrung aus der Anwendung derselben, andererseits oft auch eine zumindest partielle wissenschaftliche Fundierung. Es ist zu wünschen, dass beides in den nächsten Jahren erfolgen wird.

Dabei ist zu beachten, dass das Themengebiet Operationelle Risiken aufgrund seiner Breite sowie seiner intensiven Vernetzung mit der Bankorganisation und den darin beschäftigten Personen einen ausgeprägt interdisziplinären Charakter hat. Insbesondere führt die Tatsache, dass Operationelle Risiken in den meisten Fällen mit bewusstem oder ungewolltem menschlichen Fehlverhalten in Verbindung gebracht werden können dazu, dass psychologische Aspekte hinsichtlich des Verhaltens von Bankmitarbeitern wichtiger werden als mathematische Modelle zur Auswertung entsprechender Daten.

Ansatzpunkt zur Forschung kann zum einen die im Jahr 2002 mit dem Nobelpreis ausgezeichnete Forschung von Daniel Kahnemann und Vernon Smith zum Thema Entscheidung unter Unsicherheit (prospect theory) sein. Hier wurde aus psychologischer Sicht eindrucksvoll demonstriert, dass die Annahme eines homo oeconomicus insbesondere bei dem Treffen von Entscheidungen unter Risiko nicht haltbar ist. Diese Erkenntnisse haben Einfluss auf sämtliche Komponenten des Management und Controlling Operationeller Risiken, insbesondere jedoch auf die Methoden Risk Assessment und Szenarioanalyse.

Principal-Agent-Modelle können bei der Analyse des Verhaltens von Mitarbeitern und Führungskräften im Risikomanagementprozess ebenfalls nützlich sein. So ist beispielsweise die Ableitung eines Anreiz- und Vergütungssystems vorstellbar, welches die weitgehend vollständige Meldung und Sammlung von Verlustdaten und die objektive Risikobewertung durch Risk Assessments und Szenarioanalysen unterstützt.

Spieltheoretische Ansätze können bei der Frage der Validierung von Expertenmeinungen eingesetzt werden. Beispielsweise stellt sich hier die Frage nach der optimalen bereichsinternen und möglicherweise bereichsübergreifenden Zusammensetzung von Workshops zur Beantwortung solcher Themenstellungen.

Die Organisationslehre kann bei der Entwicklung einer geeigneten Managementstruktur nützlich sein. Hier stellt sich unter anderem die Frage nach der Rolle und hierarchischen Anbindung der dezentralen Verantwortlichen für das Management Operationeller Risiken.

Aus den Gesellschaftswissenschaften können beispielsweise Anregungen zur optimalen Gestaltung von Fragekatalogen, aus den Ingenieurswissenschaften Ideen zur Szenarioanalyse erwartet werden.

Die Funktionstüchtigkeit all dieser Möglichkeiten zur Optimierung der Methoden zum Management und Controlling muss sich in der praktischen Anwendung zeigen. Die Fortsetzung des in der Vergangenheit gepflegten offenen Austauschs über gesammelte Erfahrungen zwischen den Beteiligten hilft bei der Etablierung der Operationellen Risiken als gleichberechtigter Risikoart neben den etablierteren Markt- und Kreditrisiken.

Literaturverzeichnis

Alexander, C. (Hrsg.) (2003), Operational Risk: *Regulation, Analysis and Management*, London et al.

Anders, U./M. Sandstedt (2003), „Qualitative Anforderungen an das Management operativer Risiken“, in: *Deutsches Risk*, Vol. 3, No. 1.

Bank for International Settlements [BIS 1988a], (1988), *International Convergence of Capital Measurement and Capital Standards*, Basel.

Bank for International Settlements [BIS 1998b], (1998), *Operational Risk Management*, Basel.

Bank for International Settlements [BIS 1999], (1999), *A New Capital Adequacy Framework*, Basel.

Bank for International Settlements [BIS 2001a] (2001), *Consultative Document Operational Risk. Supporting Document to the New Basel Capital Accord*, Basel.

Bank for International Settlements [BIS 2001b] (2001), *Working Paper on the Regulatory Treatment of Operational Risk*, Basel.

Bank for International Settlements [BIS 2002a] (2002), *Sound Practices for the Management and Supervision of Operational Risk*, Basel.

Bank for International Settlements [BIS 2002b] (2002), *Quantitative Impact Study 3*, Technical Guidance, Basel.

Bank for International Settlements [BIS 2002c] (2002), *The Quantitative Impact Study for Operational Risk: Overview of Individual Loss Data and Lessons Learned*, Basel.

Bank for International Settlements [BIS 2003a] (2003), *Sound Practices for the Management and Supervision of Operational Risk*, Basel.

Bank for International Settlements [BIS 2003b] (2003), *Consultative Document The New Basel Capital Accord*, Basel.

Bank for International Settlements [BIS 2003c] (2003), *The Joint Forum – Operational Risk Transfer Across Financial Sectors*, Basel.

Bank for International Settlements [BIS 2003d] (2003), *The Joint Forum – Trends in Risk Integration and Aggregation*, Basel.

Bank for International Settlements [BIS 2004] (2004), *International Convergence of Capital Measurement and Capital Standards: A Revised Framework*, Basel.

BBA/ISDA/RMA (1999), *Operational Risk – The Next Frontier*, Philadelphia.

Beeck, H./Th. Kaiser (2000), „Quantifizierung von Operational Risk mit Value-at-Risk", in: *Handbuch Risikomanagement*, Bad Soden.

Brink, G. J. van den (2001), *Operational Risk – Wie die Banken das Betriebsrisiko beherrschen*, Stuttgart.

Brink, G. J. van den/Th. Kaiser (2004), „Operational Risk vs. Credit Risk: Similarities and Differences", in: *Operational Risk*.

Bundesanstalt für Finanzdienstleistungen (2002), *Mindestanforderungen an das Kreditgeschäft der Kreditinstitute*, Bonn.

Bundesaufsichtsamt für das Kreditwesen (1995), *Verlautbarung über Mindestanforderungen an das Betreiben von Handelsgeschäften der Kreditinstitute*, Berlin.

Bundesaufsichtsamt für das Kreditwesen (2000), *Grundsatz I über die Eigenmittel der Institute*, Berlin.

Ceske, R./J. Hernandéz/L. Sánchez (2000), „Quantifying Event Risk: The Next Convergence", in: *The Journal of Risk Finance*, Vol. 1, Nr. 3.

Cruz, M. (2002), *Modeling, Measuring and Hedging Operational Risk*, New York.

Doerig, H.-U. (2001), *Operational Risks in Financial Services – An old Challenge in a new Environment*, Zürich.

Dowd, K. (1998), *Beyond Value at Risk: The New Science of Risk Management*, Chichester.

Eller, R. (Hrsg.) (2002), *Handbuch operationelle Risken: Aufsichtsrechtliche Anforderungen, Quantifizierung und Management, Praxisbeispiele*, Stuttgart.

Embrechts, P./C. Klüppelberg/Th. Mikosch (1997), *Modelling Extremal Events for Insurance and Finance*, Berlin.

Euromoney (Hrsg.) (1996), „Risk management´s final frontier" in: *Euromoney Magazine*, September, London.

European Commission (1993), *Capital Adequacy of Investment Firms and Credit Institutions*, Brüssel.

European Commission (1999), *A Review of Regulatory Capital Requirements for EU Credit Institutions and Investment Firms*, Brüssel.

European Commission (2001), *Commission Services' Second Consultative Document on Review of Regulatory Capital for Credit Institutions and Investment Firms*, Brüssel.

European Commission (2002), *Working Document of the Commission Services on Capital Requirements for Credit Institutions and Investment Firms*, Brüssel.

European Commission (2003), *Commission Services' Third Consultative Document on Review of Regulatory Capital for Credit Institutions and Investment Firms*, Brüssel.

European Commission (2004), *Re-casting Council Directive 93/6/EEC of 15 March 1993 on the capital adequacy of investment firms and credit institutions*, Brüssel.

Frachot, A./P. Georges/Th. Roncalli (2001), *Loss distribution Approach for operational risk*, Paris.

Haas, M./Th. Kaiser (2003), „Tackling the insufficiency of loss data for OpRisk quantification", in: *Operational Risk*, Oktober.

Hoffman, D. (2002), *Managing Operational Risk*, New York.

Kaiser, Th. (2004), „Berücksichtigung der operationellen Risiken", in: *Basel II und MaK*, Frankfurt.

Kaiser, Th./M. Köhne (2003), „Qualifying for Advanced Measurement Approaches: Operational Risk Sound Practices and Beyond", in: *KPMG – Basel Briefing 3*, London.

Kaiser, Th./M. Köhne (2003), „Incentives for consistent operational risk management and reporting", in: KPMG – *Basel Briefing 5*, London.

Kaufmann, M./G. Dröse (2000), „Operational Risk Management: Risikotransfer durch Versicherung", in: *Die Bank*, Heft 11.

Klugman, S./H. Panjer/G. Willmot (1998), *Loss Models: From Data to Decisions*, New York.

KPMG International (2003), *Basel II – A Worldwide Challenge for the Banking Business*, Amsterdam.

KPMG International (2003), *Basel II – A Closer Look: Managing Operational Risk*, Amsterdam.

KPMG International (2003), *Basel II – A Closer Look: Managing Economic Capital*, Amsterdam.

Markowitz, H. (1952), Portfolio Selection, *Journal of Finance*.

Marschall, Chr. (2001), *Measuring and Managing Operational Risks in Financial Institutions: Tools, Techniques, and other Resources*, New York.

Moody's Investor Service (2003), *Moody's Analytical Framework for Operational Risk*, London.

Mothmann, W. (2003), „Operational Risk: Effektive Risikominderung durch Versicherungen" in: *Die Bank*, Heft 3.

Myers, G. (1996), „The Alternative Insurance Market: A Primer", in: *John Liner Review*.

o. V. (1998), *Gesetz zur Kontrolle und Transparenz im Unternehmensbereich*.

Risk Books (Hrsg.) (1998), *Operational Risk and Financial Institutions*, London.

Risk Books (Hrsg.) (2003), *Advances in Operational Risk*, London.

Risk Books (Hrsg.) (2004), *The Basel Handbook: A Guide for Financial Practitioners*, London.

Smith, C. (2002), „Providing cover for operational risk" in: *The Banker*.

Stichwortverzeichnis

Die Autoren

Dr. Thomas Kaiser ist Senior Manager der KPMG Deutsche Treuhand-Gesellschaft AG und für die deutsche Operational Risk-Praxis verantwortlich. Ferner ist er Lehrbeauftragter für Operationelle Risiken an der Johann Wolfgang Goethe-Universität Frankfurt. Zuvor war er im Risikocontrolling dreier deutscher Großbanken schwerpunktmäßig mit Operationellen Risiken beschäftigt.

Marc Felix Köhne ist Senior Manager der KPMG Deutsche Treuhand-Gesellschaft AG und für das europäische Competence Team Operational Risk mitverantwortlich. Zur Zeit koordiniert er die globalen Entwicklungsaktivitäten der KPMG im Zusammenhang mit Basel II. Zuvor war er im Derivatehandel sowie im Controlling für Operationelle Risiken einer deutschen Großbank beschäftigt.